吉林财经大学资助出版

张　洋　著

中国房地产
绿色营销研究

Research on Green Marketing of
China Real Estate

中国财经出版传媒集团

经济科学出版社
Economic Science Press

图书在版编目（CIP）数据

中国房地产绿色营销研究／张洋著 . —北京：
经济科学出版社，2020.4
ISBN 978 - 7 - 5218 - 1441 - 5

Ⅰ.①中… Ⅱ.①张… Ⅲ.①房地产市场 - 市场
营销学 - 研究 - 中国 Ⅳ.①F299. 233. 5

中国版本图书馆 CIP 数据核字（2020）第 052972 号

责任编辑：杜 鹏 张 燕
责任校对：刘 昕
责任印制：邱 天

中国房地产绿色营销研究
张 洋 著
经济科学出版社出版、发行 新华书店经销
社址：北京市海淀区阜成路甲 28 号 邮编：100142
编辑部电话：010 - 88191441 发行部电话：010 - 88191522
网址：www. esp. com. cn
电子邮箱：esp_bj@ 163. com
天猫网店：经济科学出版社旗舰店
网址：http://jjkxcbs. tmall. com
固安华明印业有限公司印装
710 × 1000 16 开 11.5 印张 200000 字
2020 年 6 月第 1 版 2020 年 6 月第 1 次印刷
ISBN 978 - 7 - 5218 - 1441 - 5 定价：56. 00 元
（图书出现印装问题，本社负责调换。电话：010 - 88191510）
（版权所有 侵权必究 打击盗版 举报热线：010 - 88191661
QQ：2242791300 营销中心电话：010 - 88191537
电子邮箱：dbts@ esp. com. cn）

前　言

　　房地产业被誉为我国国民经济的支柱性产业，对经济发展、社会进步起重要作用，但同时也是高污染、高消耗、高投入的"三高"产业。在全球资源匮乏、生态环境急剧恶化、绿色运动风起云涌的国际背景下，在我国发展低碳经济、节能减排和建设"两型"社会的实践中，房地产业的"绿化"势在必行，刻不容缓。随着我国对房地产业宏观调控的深入推进，绿色健康发展已成为房地产业发展的前景与方向。房地产绿色营销是绿色营销理论在房地产行业的实践运用，也是关乎房地产企业生死存亡的必然选择。

　　本书采用定性与定量相结合的集成研究方法，综合运用管理学、生态学、经济学、统计学、社会学等多学科知识对我国房地产绿色营销问题进行了探讨。主要围绕什么是房地产绿色营销、什么因素影响房地产绿色营销以及如何实现房地产绿色营销等问题展开探索。本书首先对房地产绿色营销的研究背景进行分析，对其概念和内涵进行了界定；对国内外绿色营销理论、房地产绿色营销理论的研究发展进行了梳理和述评，并分析了房地产绿色营销与其他学科的内在联系，为更深入、更全面地理解房地产绿色营销，进一步研究房地产绿色营销策略奠定了理论基础。其次，针对我国房地产绿色营销实践中的障碍因素进行了宏观和微观的分析，政府政策与监管的缺乏、房地产绿色营销的外部性、房地产企业的"漂绿"行为以及消费者绿色需求的缺乏等一系列因素都是我国房地产绿色营销发展的障碍因素，如何从根源上研究出科学合理的破解对策是当前我国房地产绿色营销亟待解决的问题。再次，本书从研究我国房地产绿色营销的影响因素入手，探寻房地产绿色营销困境的破解之道，对房地产绿色营销的影响因素进行了理论分析，提出了我国房地产绿色营销影响因素的车体模型；采用因子分析的方法运用 SPSS17.0 在对吉林省多家房地产企业进行调研的基础上，对房地产绿色营销的影响因素进行了实证分析，研究表明，政府、房地产企业和消费者是影响我国房地产绿色营销的主要因素。因此，要从这三方面入手，探寻我国房地产绿色营销障碍的破解之道，即研究我国房地产绿色营销策略。最后，分别从政府、企业与消费者三方视角分析了我国房地产绿色营销的实施策略以及现阶段宏观调控背景下的发展前景与对策。

总之，本书首先对房地产绿色营销进行了界定，并通过对我国房地产绿色营销的宏观障碍与微观障碍即研究的必要性进行分析，以房地产绿色营销的影响因素作为切入点，通过理论与实证分析得出我国房地产绿色营销的主要影响因素，并以此为突破口，分别从政府、房地产企业和消费者三方视角提出了相应的解决与发展对策。

房地产绿色营销是全球生态危机与国际绿色运动的必然要求，也是我国发展低碳经济、建设两型社会的必然选择。在新时代我国房地产宏观调控背景下，实施绿色营销，谋求绿色发展，有助于规范房地产业的健康发展，满足人们的绿色需求，促进绿色 GDP 增长，也是企业长久生存发展之道。

张 洋

2020 年 1 月

目　录

第 1 章　绪　　论

1.1　研究背景

1.1.1　全球生态危机四伏

生态环境是人类赖以生存的家园，为人类提供了生存发展所必需的物质，它的发展同时又制约着人类的活动。从原始社会的刀耕火种到现代文明的机器轰鸣，人类社会漫长的进化史就是人类与自然相互博弈的斗争史，也是人类征服自然、改造自然的创造史。人与自然的关系经历了"天发制人""人定胜天"和"和谐共处"三个阶段。工业革命以前，生产力水平极端低下，人们自身能力有限，生产活动完全受自然环境限制，对天灾人祸无计可施，处于"天发制人"阶段。18 世纪的工业革命使社会生产取得了巨大的进步，科学技术的飞速发展和世界经济的迅速增长使人类征服自然的能力大大提高，人与自然的关系步入了"人定胜天"的新篇章。人类的中心主义无形中在不断膨胀，盲目地认为自己是世界的"主宰"，在社会进步和经济发展过程中，不顾全局、不计后果地对大自然滥加利用，过度索取，导致生态环境急剧恶化。然而正如恩格斯所说，不要过分陶醉于对自然界的胜利，对每一次的胜利，自然界都报复了我们。从肯尼亚的干旱到伦敦泰晤士河的洪水，从面临末日的马尔代夫到青藏高原的融雪，从孟加拉国风暴到南极上空的臭氧空洞。人口剧增、粮食不足、资源枯竭、能源短缺、环境污染、温室效应、物种灭绝、土地沙化、水土流失、酸雨遍地、沙尘暴肆虐、危险性废品越界污染……随着全球化进程的不断加快，全球生态问题日益突出、危机四伏。

生态环境的急剧恶化使人们意识到，人类只有一个地球，地球是人类共同的家园。生态危机实际上就是生存危机，人类正处在一个历史性的关键时刻，人类认识到必须协调社会经济发展与人口控制、资源利用和环境保护之间的关系，走可持续发展之路。

发达国家经过工业革命的洗礼，已逐步认识到生态环境的重要性，人和自然的关系已开始迈入"和谐共处"的新阶段。各国开始重视环境问题，研究保护环境的对策和预测环境破坏的后果。

美国《时代》周刊 1988 年的世界风云人物是地球，"它的前景却由于人类不顾及后果的行为而阴云笼罩。这些行为包括：人口过度膨胀、严重的环境污染、资源的浪费和对大自然肆无忌惮的破坏"[①]。

联合国确定 1988 年 6 月 5 日为世界环境日，在公布的《世界自然资源保护大纲》中说："我们的时代有两个特点。第一个特点是，人类几乎是无限的建设与创造力量等同于同样巨大的破坏与毁灭力量。第二个特点是，所有行动都具有全球性的相互关系，即全球为之承担责任的后果"[②]。

1992 年 11 月，关心核问题的科学家组织联盟，就人口与环境恶化问题发表《世界科学家对人类的告诫》的联合声明，有 1500 多名专家在上面签名，其中包括 104 位诺贝尔奖得主；1990 年物理学奖获得者亨利·肯德尔（Henry Kendall）在普林斯顿大学发表演说指出，人口过剩、资源匮乏、环境恶化——一场大灾难正在迫近，呼吁"救救人类"[③]。

发达国家对生态环境采取的保护措施为世界各国树立了榜样，然而他们只注重保护本国资源，而将科技含量低、粗放型发展的工业转移到发展中国家与海外市场。发展中国家为了发展经济，不惜以牺牲环境与资源为代价，这无异于杀鸡取卵，得不偿失。

我国作为最大的发展中国家，生态状况也令人担忧。由于过去我国经济发展模式偏向于粗放型发展，以 GDP 为标杆，一定程度上忽略了对环境和生态的重视与保护。这样的发展是不可持续的，也是不科学的、不健康的，给我国生态环境带来了巨大的危害。目前，如何拯救生态，使经济发

---

① 邓德胜，詹格亮，杨丽华. 中外绿色营销的差距和成因分析 [J]. 财经理论与实践，2004（9）：108 - 111.

② 周宏春，刘燕华. 循环经济学 [M]. 北京：中国发展出版社，2005：65 - 75.

③ 仲秋. 近代中美环境意识比较研究 [C]. 第二届中国环境社会学研讨会，2009：86 - 93.

展与生态环境保护相协调已成为首要问题。

房地产业被誉为我国国民经济的支柱产业，它的发展"牵一发而动全身"带动着上、中、下游50多个行业的发展。自房地产货币化改革以来，房地产业获得了飞速发展，而由于其大规模开发所导致的环境和资源问题也日益突出。中国大多数建筑都缺少严格的节能与环保设计，住宅品质不高、环保水平低、室内污染严重。随着经济的发展和人们生活水平的提高，人们对于健康生活的渴求日益强烈，对居住环境与质量要求越来越高。房地产业如何节能减排、实现绿色发展，不仅是全球生态危机下的必然要求，中国现实国情的必然选择，也是广大人民群众的强烈呼唤。于是房地产绿色生态发展主题悄然萌芽，房地产绿色营销应运而生。

1.1.2 绿色运动风起云涌

生态环境的不断恶化，带给人类巨大的灾难和痛苦，人们开始反思自己的行为，重新审视人与自然的关系，人类的绿色意识开始逐渐觉醒。绿色运动的萌芽早在1789年，马尔萨斯（Malthus）的《人口原理》一书中已初见端倪。书中第一次强烈提出，人口和其他物质一样，具有一种迅速繁殖的倾向，这种倾向受到自然环境的限制。

20世纪50年代，绿色思想得到了进一步的发展。此后，绿色运动在全球范围内风起云涌，不断发展壮大。

20世纪60年代，许多第三世界国家发展了一场以培育绿色粮食，获得粮食产量增长的"绿色革命"。

1962年，美国作家蕾切尔·卡逊（Rachel Carson）出版《寂静的春天》，提出农药的使用对自然带来的危害，这标志着人类首次关注环境问题。

1970年，罗马俱乐部在意大利成立，明确宣称，人类社会的进步并不等于GDP（国民生产总值）的上升。

1971年，加拿大的工程师戴维·麦克塔格发起了第一个国际性非政府组织——绿色和平组织（Greenpeace），肩负起向一切破坏人类环境的恶行作斗争的神圣使命。其总部位于荷兰的阿姆斯特丹，在全球41个国家设有办事处。它开始时以使用非暴力方式阻止大气和地下核试验以及公海捕鲸著称，后来转为关注其他的环境问题，包括水底拖网捕鱼、全球变暖和基因工程。

其宗旨是促进实现一个更为绿色、和平和可持续发展的未来①。

目前，绿色和平组织已经成为世界上最大的环境保护团体。他们在 30 个国家设立了 43 个办事机构，共有专职人员 1200 名②。1985 年，绿色和平组织旗舰"彩虹勇士号"被法国特工人员炸沉，一名绿色组织成员因此丧命。法国的举动反而激起了公众对绿色和平组织的同情，绿色和平组织因此名声大振。1994 年 6 月，绿色和平组织的 4 名勇士用自己的血肉之躯捍卫海洋环境的清白。绿色和平组织的行动终于赢得了公众舆论和 5 个欧洲国家政府的支持。绿色和平组织发起的反对商业化捕鲸，反对乱砍滥伐森林，反对放射性物质的堆放以及反对南极污染等运动，对《国际禁止商业捕鲸》等条约的诞生都起到了推动的作用。

1972 年，在瑞典斯德哥尔摩，召开了联合国第一次人类环境会议，发表了《斯德哥尔摩人类环境宣言》，该宣言向全世界发出呼吁："人类只有一个地球！"从此，绿色革命在世界各地响应。

1978 年，德国一马当先，开始执行"蓝色天使"计划。在执行计划第二年，也就是 1979 年，就有了 80 多种绿色产品，目前有 4500 多种。1993 年，德国国家立法，规定产品厂商必须自行回收包装材料（包括电子产品和汽车等)③。

在很多国家里，绿色运动分子都组成政党。20 世纪 80 年代末期，西欧和北欧几乎每个国家都有一个名为绿党或者有类似名称的政党，这类绿色政党在 20 世纪 90 年代开始在东欧涌现。自 20 世纪 80 年代起，美国的环境保护团体便推举会员参加选举。绿色政党也在澳大利亚、加拿大和新西兰发展起来。

1987 年，4 个国家签署保护臭氧层国际公约，又称《蒙特利尔公约》，中国于 1989 年加入。

1988 年，美国、加拿大开始实行环境标志制度，1990 年美国拥有 600 多种绿色食品，占食品种类的 10%。

1989 年，日本开始实行"生态标志"计划。

同样是 1989 年，丹麦、芬兰、冰岛、挪威、瑞典，对所有产品都开始实

---

① 帕屈克·卡森，朱莉亚·莫顿. 绿就是金 [M]. 广州：广东人民出版社，1998：124 – 128.
② 张静中. 循环经济视角下的企业营销创新 [J]. 生态经济，2006（1）：73 – 76.
③ 刘凤军. 市场对接条件下企业绿色营销战略初探 [J]. 哈尔滨商业大学学报，2001（3）：1 – 5.

施世界生态标志方案。

1990 年，经改进后的《蒙特利尔修正议定书》规定，2000 年以前所有发达国家停止使用氟利昂等破坏臭氧层的产品生产，发展中国家在 2010 年以前停止使用。

1993 年，在法国已明确立法，上市的消费品有一半的包装必须能再使用或回收利用，目前在欧共体已有 17000 多个有机农场，l700 多个有机工厂①。

1992 年联合国召开了环境与发展会议，183 个国家的代表、70 个国际组织和 103 个国家的元首及政府首脑齐集巴西里约热内卢，会议发表了《21 世纪议程》《里约热内卢环境与发展宣言》《联合国气候变化框架公约》等②。

中国政府提出了"可持续发展战略"，江泽民同志提出了"三个代表"重要思想，指出"共产党人要始终代表着中国最广大人民的根本利益"。中国呼唤绿色运动，正是在如何解决人与自然的相互关系问题上，着眼于中国社会的可持续发展，着眼于中国最广大人民的根本利益。

1.1.3　低碳经济方兴未艾

随着生态环境的恶化和人们绿色意识的觉醒，如何使经济发展与保护生态相协调已成为世界各国亟待研究的课题。发展低碳经济为世界经济发展提供了新的机遇与挑战，成为世界经济新的发展方向，世界经济已逐渐向低碳经济转轨。"低碳"，英文为 low carbon，意指较低（更低）的温室气体（CO_2 为主）排放。"低碳经济"英文名为 low carbon economy（LCE）或 low fossil-fuel economy（LFFE），其字面意思是指最大限度地减少煤炭和石油等高碳能源消耗的经济，也就是以低能耗、低污染为基础的经济。低碳经济与"生态经济""绿色经济""循环经济"等概念既有区别，又有联系，它们之间的关系如表 1-1 所示③。

---

① 沈根荣. 绿色营销管理 [M]. 上海：复旦大学出版社，1998：7-10.
② 刘承伟. 绿色管理：21 世纪企业管理研究的新领域 [J]. 齐鲁学刊，2001（4）：130-134.
③ 陶良虎. 中国低碳经济 [M]. 北京：研究出版社，2010：45-46.

表1–1 低碳经济与生态经济、绿色经济、循环经济的关系

	首次提出时间与出处	相同点			不同点		
		理念	支撑点	追求	侧重点	突破口	核心
生态经济	1969年，鲍丁：《一门科学——生态经济学》	新的价值观念和消费观念，如良性循环、生态修复以及和谐相处，摒弃奢侈之风，提倡绿色和循环消费	绿色技术和生态伦理：注重技术生态化、科技与经济发展要建立在与自然和谐相处的生态伦理基础上	环境友好和可持续发展：考虑自然生态系统的承载能力，实现人与自然的生态融合	生态学经济系统与生态系统有机结合	人与环境创造、依存、实现可持续	生态经济学可持续发展
绿色经济	1989年，皮尔斯：《绿色经济蓝皮书》				关爱生命，技术核心，兼顾物质与精神追求	绿色分配，保证最低收入人群消费	以人为本，和谐共存
循环经济	1996年，德国：《循环经济和废弃物管理法》				物质循环、3R原则，倡导节约与再利用	资源有限利用，生存环境改善	物质循环，提高效能
低碳经济	2003年，英国：《英国能源的未来——创建低碳经济》				降低碳排放量，清洁能源与提高能源效率	减少碳排放、维持温度，保护生存环境	技术、能源、制度以及价值观念创新

资料来源：陶良虎. 中国低碳经济［M］. 北京：研究出版社，2010.

自1992年《联合国气候变化框架公约》和1997年《京都议定书》开始，低碳经济进入了人们的视线，人们逐渐开始系统地谈论低碳经济。2003年2月24日，英国颁布了《能源白皮书》（我们能源的未来——创建低碳经济），成为世界上最早提出低碳经济（low-carbon economy，LCE）的国家；2007年12月3日，联合国气候变化大会在印度尼西亚巴厘岛举行，通过了世人关注的应对气候变化的"巴厘岛路线图"；联合国环境规划署为2008年6月5日一年一度的"世界环境日"确立了"转变传统观念，推行低碳经济"的主题；2009年哥本哈根气候峰会通过的《哥本哈根协定》表明了全球的升温控制目标[1]。当前，发展低碳经济已成为国际社会主流的战略选择。低碳经济被誉为继工业革命和科技革命之后的一次绿色产业革命，低碳社会正向我们走来。

---

① 侯向军. 技术进步与中国低碳经济发展研究［D］. 太原：山西大学，2011：35–37.

目前，发达国家的人口只占世界人口的 22%，却消耗掉世界 70% 以上的能源，二氧化碳等温室气体排放量占世界排放量的 60% 以上。以美国为例，其人均碳排放量是发展中国家的 10 倍、中国的 8 倍。工业化对地球的危害是无可估量的，特别是在过去的 200 年中，美洲和欧洲的工业生产对地球造成了严重的伤害。但许多专家认为，在未来几十年中，亚洲的工业化将对地球生存系统构成根本性的威胁。这是因为世界有 60% 的人口生活在亚洲，而且亚洲工业化的速度是西方工业革命的 3 倍。

亚洲创造了世界经济的奇迹，其代价是污染日益严重，它不仅是亚洲的负担，也是整个地球的负担。联合国的一项调查表明，在全世界污染最严重的 15 个城市中，有 13 个在亚洲。亚洲河流平均含有来自人类粪便的细菌数量，是世界卫生组织的指导原则所允许数量的 50 倍；河水中的含铅量比发达国家河水的含铅量高出 20 倍。据世界卫生组织和世界银行估计，亚洲每年仅死于空气污染的人数就达 156 万人，死于水质污染和卫生条件恶劣的有 50 多万人[①]。

中国自改革开放以后能源消费和碳排放增长迅速，导致我国碳排放在全球碳排放中的比例逐年增加，但历史累计量低于主要发达国家。我国人均碳排放量较低，低于发达国家和世界平均水平[②]，碳排放强度高于世界平均水平，但下降较快。发展低碳经济完全符合中国的国家利益，节能减排和低碳发展也是中国未来发展的必然选择。我国政府已将发展低碳经济提升到战略的高度，坚定不移地进行产业转型。早在 1990 年，中国政府就参加了《联合国气候变化框架公约》谈判，并于 1992 年签署。1992 年 8 月，国务院常务会议讨论通过《中国 21 世纪议程——中国 21 世纪人口、环境与发展白皮书》。1998 年，中国签署并于 2002 年核准了《京都议定书》。2006 年 3 月，我国的"十一五"规划纲要提出了两个主要约束性指标。同年 12 月，中国第一部《气候变化国家评估报告》正式发布，报告明确提出要保护生态环境并增加碳吸收汇，走低碳经济发展道路。2007 年 6 月，发布第一部针对全球变暖的国家方案《中国应对气候变化国家方案》，2007 年被认为是中国节能减排元年。2008 年发表《中国应对气候变化的政策与行动》白皮书。2009年 5 月，公布了"落实巴厘路线图"的文件，相继制定《可再生能源法》《循环经济促进法》等。时任国务院总理温家宝在哥本哈根气候变化大会闭

① 蔡林海. 低碳经济大格局［M］. 北京：经济科学出版社，2009：152 – 159.

② 詹正茂，王裕雄，孙颖. 创新型国家建设报告（2009）［M］. 北京：社会科学文献出版社，2009：9 – 13.

幕式上提出了中国应对气候问题上的四个原则，强调言必信、行必果，会坚定不移地努力。以节能减排为主要特征的中国低碳经济发展模式逐步形成[①]。

　　房地产业能耗污染突出，是名副其实的碳排放"大户"，是我国节能减排的重点行业。据专家研究，我国建筑能耗目前约占能源总消耗的 20% ~ 25%。到 2020 年随着建筑水平的提高以及家电用品的增加，建筑能耗将占全部能耗的 30% ~ 35%。时任建设部副部长仇保兴在全国建设科技工作会议上指出，中国现有城乡建筑面积大约 500 亿平方米，都是高能耗建筑。传统的建筑施工模式造成水、混凝土、钢材等原材料大量浪费，并产生大量的建筑垃圾。目前可再生能源如太阳能、风能等利用率较低，取暖与制冷设施的大量使用也造成环境污染和温室气体排放增加。建筑材料不合格、辐射超标等造成严重的环境污染，危害人体健康。建筑材料的不可再生性导致大量建筑垃圾产生，造成资源浪费且容易在存放处理过程中形成二次污染。在资源、能源匮乏，低碳经济飞速发展的背景下，房地产行业的节能减排、低碳发展已不可避免，势在必行，房地产业的绿色发展迫在眉睫。

1.1.4　两型社会如火如荼

　　作为世界上最大的发展中国家和经济发展最快的国家，改革开放以来，我国取得了令人瞩目的经济成就。然而，传统粗放型的经济增长模式使我国的能源、资源和环境付出了沉重的代价。建设资源节约型和环境友好型社会是我国立足于国情而制定的重大战略决策，也是落实科学发展观和实现可持续发展的必然要求。所谓资源节约型社会是以可持续发展理念为指导，强调资源的高效利用、合理配置、有效保护、持续开发，通过一系列有效的制度安排和文化建设，最终达到人与自然和谐发展的一种社会形态。资源节约型社会建设面对的问题是资源短缺，核心是提高资源生产率，目标是实现经济社会的可持续发展。环境友好型社会，是人与自然和谐发展的社会，通过人与自然的和谐来促进人与人、人与社会的和谐。它要求在全社会形成有利于保护环境的生产方式、生活方式、消费方式，建立人与自然的良性互动关系。建设环境友好型社会，就是要以环境承载能力为基础，以遵循自然规律为准

---

　　① 中国人民大学气候变化与低碳经济研究所. 低碳经济：中国用行动告诉哥本哈根 ［M］. 北京：石油工业出版社，2010：59 - 61.

则，以绿色科技为动力，倡导环境文化和生态文明，构建经济、社会、环境协调发展的社会体系①。

早在 1992 年，中国科学院南京地理与湖泊研究所周立三院士就提出了"建设节约型社会"的基本理念。2005 年 10 月，中共十六届五中全会提出："要把节约资源作为基本国策，发展循环经济，保护生态环境，加快建设资源节约型、环境友好型社会（简称两型社会），促进经济发展与人口、资源、环境相协调"②；中共十七大报告再次指出："必须把建设资源节约型、环境友好型社会放在工业化、现代化发展战略的突出位置，落实到每个单位、每个家庭"；2007 年 12 月，国务院又批复武汉城市圈与长株潭城市群为"两型社会"建设综合配套改革试验区，正式拉开了"两型社会"建设的序幕。国家发改委在《关于批准武汉城市圈和长株潭城市群为全国资源节约型和环境友好型社会建设综合配套改革试验区的通知》批文中指出，要切实走出一条有别于传统工业模式的工业化、城市化发展新路，为推动全国体制改革、实现科学发展与社会和谐发挥示范和带动作用。自此，对两型社会构建的理论与实践研究在国内轰轰烈烈进行，两型社会的发展如火如荼。

两型社会强调将整个社会经济建立在节约资源的基础上，强调人与自然和谐共生与可持续发展。对房地产业的升级转型与绿色发展起到巨大的促进作用③。实施房地产绿色营销，推进以绿色房地产为特征的环保节能建筑体系，即高能效、低能耗、低排放、低污染的建筑体系，是建设两型社会的必然要求。

1.1.5　宏观调控重拳出击

1998 年 7 月，全面推行的住房货币化改革政策一方面改善了民众的居住条件，促进了房地产业的蓬勃发展；另一方面由于购房者的急剧上涨，导致房产价格虚高，并不断上扬，呈"井喷"之势，一些投资商和投机者利用房地产市场管理漏洞，进行囤房、炒房等欺诈行为牟取暴利，又助长了房价愈演愈烈之风。过高的房价已严重超出普通群众的支付能力，这不仅严重背离了房地产行业的社会属性，且对国民经济发展与社会的和谐稳定造成了巨大

---

① 沈满红. 资源与环境经济学 [M]. 北京：中国环境科学出版社，2007：11 - 12.
② 周栋良. "两型社会"研究述评 [J]. 北京城市学院学报，2009 (4)：77 - 81.
③ 丁鼎棣，王昕. "两型"社会与绿色营销模式的契合 [J]. 山东社会科学，2009 (12)：158 - 160.

危害。对此，国家采取了包括财政政策、货币政策、土地政策等在内的全面治理措施，施展了房地产宏观调控的"组合拳"。从 2004 年"管严土地，看紧信贷"，到 2005 年"老国八条""新国八条"，从 2006 年"国六条"、2007年国务院 24 号文件，到 2008 年强调保障性住房，2009 年落实最严格耕地保护制度，直到 2010 年 4 月"国十一条"出台。从刺激消费、控制供给，到增加供给、抑制投资需求，这都是政府为使房地产市场理性发展在不同历史时期采取的不同调控手段。可以说，政府的宏观调控手段已经收到了积极的效果：据国家统计局 2011 年 11 月 18 日发布的 70 个大中城市住宅销售价格统计数据显示，2011 年 10 月 70 个大中城市房价平均环比指数年内首次出现负增长，平均环比下降 0.14%。数据显示，全国有近半城市新建商品住宅价格环比下降，其中一线城市房价环比全面下降，京、沪、穗、深四城市降幅分别为 0.1%、0.3%、0.2%、0.1%。此外，10 月份 70 个大中城市房价同比价格涨幅继续收窄，为 2011 年来最低同比涨幅。10 月全国房价下降已从一线城市向二、三线城市蔓延，平均环比指数年内首次出现负增长。

限购令导致大部分房地产企业成交量下降，资金链岌岌可危，房地产企业的发展陷入"严冬"。房地产企业如何规避风险、寻求自保，在宏观调控政策下解脱困境已成为亟待解决的问题。如今房地产市场已经由卖方市场转变为买方市场，市场已趋于理性化。买方市场导致卖方之间即开发商之间展开激烈的竞争，而营销则是房产竞争的重要手段，是成功的先决条件，新形势下实施营销创新势在必行。21 世纪是全球绿色经济发展时代，促进绿色发展是生态文明企业谋求生存和发展的必然选择，在我国创建两型社会和发展低碳经济背景下，只有房地产企业坚持绿色发展的方向，才能促进房地产业的可持续发展。开发商要充分认识到房地产暴利时代的终结，房地产业已进入新的历史发展时期，要积极配合国家调控政策，既追逐利润又勇于承担责任，加强质量管理，大力发展绿色营销，走绿色发展之路。

1.2　房地产绿色营销概念界定

1.2.1　绿色营销

关于绿色营销的概念，国内外众多专家学者仁者见仁、智者见智，从不同的角度发表了自己独到的见解，都试图对绿色营销作出最完整、准确的解读。绿色营销的先行者肯·毕提（Ken Peattie）教授在《绿色营销——化危机为商机》中将绿色营销定义为"一种能辨别、预期及符合消费的社会需求，并且可以带来利润及永续经营的管理过程"①。鲍伦斯基（Polonsky）认为，绿色营销或生态营销包括旨在生成和促进任何满足人类需求和愿望的一切交换活动，这些需求和愿望的满足是以对自然界影响和破坏最小为基础的。闵图（Mintu）和洛兹达（Lozada）将绿色营销界定为以高举、宣扬、维持、保护和固守自然环境旗帜的方式，运用营销手段去促进那些满足组织和个人目标的交换活动。斯坦顿（Stanton）和弗特勒尔（Futrell）认为，绿色营销是旨在产生和促进任何为满足人类需求和需要的一切交换行为；前提是确保组织的利益和消费者的利益都受到保护，因为除非买卖双方都获益，否则自愿的交换不会发生②。

我国绿色营销研究的先行者万后芬教授将绿色营销的定义归纳为四类，即以产品为中心、以环境为中心、以利益为中心和以发展为中心，认为绿色营销是人类环境保护意识与市场营销观念相结合的一种现代市场营销观念③。温力虎将绿色营销定义为，在整个营销活动过程中体现环境意识并付诸实现的营销④。张芳、袁国宏认为，绿色营销，是以环境保护观念为其经营指导思想，以绿色消费为出发点，以绿色企业文化作为企业文化核心，在满足消费者绿色需求的前提下，为实现目标而进行的营销活动。

虽然国内外学者对绿色营销含义的探讨不尽相同，但总的来说，绿色营销就是将环境保护观点融入市场营销之中，在以绿色营销观念为导向、搜集绿色信息、开发绿色资源、研制绿色产品、制定绿色价格、拓展绿色渠道、鼓励绿色消费、实施绿色管理等一系列活动中实现环境利益、社会利益和企业利益的统一。

1.2.2　房地产绿色营销

房地产绿色营销产生于 20 世纪 90 年代，是房地产市场营销的一个新的

---

① Ken Peattie, Sue Peattie, E. B. Emafo. Promotion Competitions as a Strategic Marketing Weapon [J]. Journal of Marketing Management, 1997 (13)：777 – 789.

② Fuller, D. A. Sustainable Marketing：Managerial-Ecological Issues [M]. Sage, Thousand Oaks, California, 2000：76 – 83.

③ 万后芬. 绿色营销 [M]. 北京：高等教育出版社, 2001：27 – 30.

④ 温力虎. 绿色营销导论 [M]. 广州：中山大学出版社, 2000：3 – 5.

发展方向，是绿色营销理论扩展到实践工程领域的产物。目前，国内外对房地产绿色营销的探讨主要集中在绿色产品即绿色建筑的设计与开发上。对于房地产绿色营销的概念，学术界至今尚无一致的表述，但一些专家学者已从不同的角度对其内涵进行了探讨。

所谓房地产绿色营销，是指社会和房地产企业在充分意识到消费者日益提高的环保意识和由此产生的对无公害产品需求的基础上，发现、创造并选择市场机会，通过一系列理性化的营销手段来满足消费者以及社会生态环境发展的需要，实现房地产业可持续发展的过程；是房地产开发企业以人与自然和谐的生态稳定为目的，建立在绿色技术、绿色市场和绿色经济基础上，将健康、节能、环保、可持续发展等理念贯穿于房地产产品开发过程中的选址、规划设计、建设安装、销售乃至开发完成后小区物业管理等诸多环节，并体现在整个营销过程当中，通过一系列的绿色营销组合手段来满足绿色消费者对绿色住宅的绿色需求，以实现社会效益、消费者效益和企业效益的三者协调统一，最终实现人与自然的可持续发展的过程①。对于房地产企业而言，实施绿色营销的意义主要体现在以下两个方面：一是绿色营销可以有效帮助企业获得经济效益。随着环保主义的盛行，购房者除了传统意义上考虑房子的价格、地理位置以及周边环境等因素外，对房地产是否绿色环保也十分看重，房地产企业实施绿色物业建设以及绿色营销能够有效提高企业的竞争力。二是房地产企业实施绿色营销能够在一定程度上体现房地产企业的社会责任与保护环境的意识，也能够在一定程度上提高房地产企业的知名度，从长远来看，可帮助企业获得可持续发展的竞争力②，促进房地产业的健康发展。

房地产绿色营销具有以下特征：第一，营销关系扩大。房地产绿色营销把传统营销活动中企业与消费者的直线关系扩大到企业、消费者与社会的面的关系，并特别强调合理调节和均衡三者效益。第二，房地产绿色营销策略生态化、绿色化。包括开发绿色住宅、绿色物业，创造绿色广告，制定绿色价格等。第三，强化企业的社会责任与环保义务。绿色营销观念的树立，增强了企业的环保意识。通过企业绿色文化建设，提升企业的绿色形象，强化企业的社会责任感③。

---

① 张燕明. 房地产企业绿色营销策略研究 [D]. 青岛：中国海洋大学，2008：23 – 28.
② 裴卫萍. 绿色营销在我国房地产企业中应用的策略分析 [J]. 企业导报，2009 (4)：94 – 96.
③ 毕素梅，于凤军. 房地产绿色营销策略探析 [J]. 中国集体经济，2009 (33)：75 – 76.

1.3　研究目的和意义

1.3.1　研究目的

在发展低碳经济和建设两型社会的背景下，在我国对房地产宏观调控的实践中，房地产绿色营销不仅是社会发展、经济进步的必然要求，也是新时期房地产企业生存发展的必由之路。本书旨在研究新时代背景下我国应如何实施房地产绿色营销，即房地产绿色营销的策略问题。通过对绿色营销、房地产绿色营销的概念、内容等作出界定，对其国内外发展历程进行梳理与述评，分析了我国房地产绿色营销的宏观、微观障碍及影响因素，探索新时代下我国房地产绿色营销的途径与策略，为我国房地产绿色营销的发展提供较为完整的、系统的、操作性强的理论体系。

1.3.2　研究意义

在新时期背景下实施房地产绿色营销不仅对我国社会的可持续发展具有重要意义，而且对企业自身的可持续发展也有重大的现实意义。

（1）党的十七大把"建设资源节约型，环境友好型社会"写入《中国共产党章程（修正案）》表明资源节约型和环境友好型社会已经成为我国发展和谐社会的重要举措，并作为我国的国策来实施。这是我国从国情出发提出的一项重大战略决策，是我国落实科学发展观和可持续发展的必然要求，是建设生态文明和谐社会的必然要求。绿色营销对构建两型社会具有重大意义。绿色营销的经济基础是构建两型社会的物质条件，也是构建两型社会的有效手段，它良好的社会经济效益使绿色营销具有构建两型社会的能力。绿色营销的深刻内涵则揭示了两型社会建设与经济发展之间的辩证关系，指出既要保护环境，又要发展经济，保护环境而不牺牲其他经济福利，是经济社会发展与环境保护的"帕累托最优"[①]。两型社会为房地产绿色营销同时带来了机

[①]　刘望，胡蓉. 关于构建两型社会绿色营销体系的探讨 [J]. 湘潭大学学报，2008（11）：86–89.

遇和挑战。实施房地产绿色营销有助于我国两型社会的创建与可持续发展。

（2）发展低碳经济、建设集约型社会是我国未来的发展方向，也是高度重视全球气候变化和经济社会发展问题、关注我国经济社会发展全局和人民群众根本利益与长远发展的坚定不移的追求。作为负责任的发展中国家，我国在碳减排、资金技术等方面已做了大量努力并承诺到2010年单位生产总值二氧化碳排放比2005年下降40%～50%。房地产企业作为"三高"企业，它的低碳发展直接关系着减碳目标的实现。实施房地产绿色营销能有效实现在绿色产品设计、生产、渠道、促销、分销及服务的房地产产品全寿命周期内的资源与能源的节约，有助于实现减碳目标，促进我国社会经济的可持续发展。

（3）在囤房、炒房千军万马，房地产商品价格虚高，刚需群众无力支付购房成本的背景下，政府毅然出台一系列房地产宏观调控"组合拳"，誓将囤房、炒房的投机者赶出房产市场，对房地产企业进行重新"洗牌"、优胜劣汰，还房产市场一片净土，给刚需群众一片蓝天。目前，宏观调控已进入关键阶段，政府对房地产的调控政策不动摇，要将房地产的发展拉回到理性的轨道上来。在严厉的调控政策下，房地产企业的发展步入"寒冬"，举步维艰。而破解这一难题的一个重要方面就是发展房地产绿色营销。房地产绿色营销能为消费者提供健康、环保的绿色产品，并提供优质的服务，符合消费者对健康、自然、生态的追求和未来的发展趋势。因此，发展房地产绿色营销是房地产企业在调控"寒冬"下的重要的过冬策略之一，有助于房地产市场的健康理性发展。

（4）系统地研究房地产绿色营销的理论和实践路径，有助于营销学、生态学和经济学等多学科的相互渗透；有助于房地产企业明确绿色营销的内涵、基本原理、实现步骤、实现障碍和实施途径，为房地产企业实施绿色营销、实现可持续发展和创新提供依据；有助于房地产企业改变经营理念，转变经济增长方式，走可持续发展的道路。

（5）从理论和实践两个方面对房地产绿色营销影响因素进行分析并提出目前我国房地产绿色营销影响因素的车体模型，并根据理论研究成果对房地产绿色营销影响因素进行了实证研究，有助于更好地协调各因素之间的关系，提升房地产企业的竞争优势，为有关部门考核房地产企业的绿色营销状况、加强宏观管理提供考核指标体系和决策依据，对政府能够更好地对其进行宏观调控，稳定国民经济起到了重要的作用。

（6）从政府、企业与消费者三方视角，分别对房地产绿色营销策略进行了研究，全方位、多角度地为实施房地产绿色营销提供了策略与建议。并对现行宏观调控背景下房地产三方主体面临的困境与对策进行了研究，指出发展绿色建筑、实施绿色营销才是房地产未来的发展之道。并对房地产企业绿色营销能力进行了评价研究，有利于企业在实践中提升绿色营销能力，有利于政府、房地产企业与消费者的理性博弈、健康发展。对现代企业改变经营理念，转变经济增长方式，走可持续发展道路产生重要的导向作用。

1.4　本书的结构

1.4.1　研究方法

本书结合经济学、管理学、生态学，社会学等的理论与方法进行集成研究，采用理论分析与实证分析、定性分析与定量分析、借鉴与创新相结合等研究方法，注重研究成果的深入性与实践性。

第一，理论分析与实证分析相结合。理论分析方法主要是通过理论推导，论证我国两型社会建设、发展低碳经济和房地产绿色营销之间的关系，为房地产绿色营销提供理论依据。实证分析方法主要是通过采用因子分析法、多层次灰色评价法等对房地产绿色营销影响因素和房地产企业绿色营销能力进行分析与评价，佐证所设计的营销方案的科学性，保证研究的信度与效度。

第二，定性分析与定量分析相结合。定性分析主要是从事物的本质属性来认识和把握该事物，定量分析则是从事物的规模上来认识和把握的事物，因此，定性分析是人们认识和把握事物的关键和重点[①]。房地产绿色营销涉及许多相关方面的一系列行动，它更适合于采用定性分析方法，来论证我国房地产需要一种什么样的绿色营销。同时，研究房地产绿色营销影响因素，绿色营销能力评价等方面还涉及一些量化指标。因此，在研究房地产绿色营销时离不开数量分析。本书将在定性分析的基础上，对一些方面努力进行定量分析。

第三，借鉴与创新相结合。本书在国内外相关理论指导下，借鉴前人已有的相关研究成果，将房地产业与绿色营销相结合，研究房地产绿色营销影

---

① 李怀祖. 管理研究方法 ［M］. 西安：西安交通大学出版社，2004：315 – 318.

响因素车体模型，为房地产企业的绿色营销实践提供了基础。

第四，集成研究方法。综合运用市场营销理论、可持续发展理论、灰色理论、经济学、社会学、模糊数学、技术经济和统计学等多种学科的知识进行研究[①]。

本书采取如下研究路线：依托经济学、管理学、技术经济学、社会学、生态学等有关理论，从建设两型社会和发展低碳经济的背景出发，结合房地产企业的特点，研究设计房地产绿色营销策略。提出房地产绿色营销影响因素的车体模型，并对其进行实证分析。分别从政府、企业与消费者的三方视角对房地产绿色营销策略进行了系统研究。

1.4.2 研究内容

建设两型社会和发展低碳经济是国民经济与经济发展中长期规划的一项战略任务，也是社会发展的必然趋势，在此背景下，传统的营销方式已经不能满足企业及社会发展的需要，绿色营销已成为必然选择，两型社会的创建和低碳经济的兴起为房地产绿色营销带来了机遇和挑战，房地产绿色营销的成功与否关系着房地产企业的命脉和两型社会的建设与低碳经济的发展。本书主要研究在建设两型社会与发展低碳经济的背景下，在我国房地产宏观调控的实践中，应如何进行房地产绿色营销活动，试图回答什么是房地产绿色营销，为什么要进行绿色营销，什么影响房地产绿色营销以及怎样更好地实施房地产绿色营销等相关问题，并就现阶段宏观调控下政府、房地产企业与消费者所面临的困境与解决之道进行了探索。

本书共分为八章。

第1章，绪论。主要讲述了选题的背景、房地产绿色营销概念的界定、本书的研究目的与意义、主要研究内容、研究方法和创新点等。

第2章，文献综述。首先对绿色营销和房地产绿色营销的理论进行了系统的阐述，其次探讨了房地产绿色营销与其他学科的关系，分别分析了其与中国传统文化、可持续发展理论及经济学等理论的联系与渊源。房地产绿色营销是多学科理论的集成与综合，因此要用全方位、多角度的方法对其进行研究。本章是房地产绿色营销研究的理论基础。

---

① 朱顺泉. 管理科学研究方法 [M]. 北京：清华大学出版社，2007：96–103.

第 3 章，房地产绿色营销宏微观障碍分析。从宏观和微观的角度分析了目前我国房地产绿色营销的实践中出现的各种问题与障碍，并对其进行了经济学分析。本章是研究房地产绿色营销的现实依据，回答了房地产绿色营销研究的必要性问题。

第 4 章，房地产绿色营销影响因素研究。对房地产绿色营销的影响因素进行理论分析和实证分析。通过对前人研究成果的总结和自身研究相结合来构建房地产绿色营销影响因素车体模型，并采用因子分析的方法提取出影响房地产绿色营销的主因子和它们的影响力及重要程度，并提出相应的对策。本章是房地产绿色营销研究的切入点，本章的研究成果是房地产绿色营销策略研究的根据。

依据第 4 章的研究成果，我国房地产绿色营销的主要影响因素是政府、房地产企业和消费者，因此，第 5、第 6、第 7 章分别从政府、企业与消费者三方视角来分析房地产绿色营销策略与途径，并针对当前宏观调控的背景为房地产市场三方主体分别提供了相应的指导策略。为房地产绿色营销的发展奠定了基础，提供了保障。

第 5 章，政府视角下房地产绿色营销策略研究。首先对如何发展我国绿色建筑，完善绿色建筑认证体系做出阐述；其次阐述了完善相关法律法规的建议和刺激与鼓励房地产绿色营销方式的探索；最后对我国房地产宏观调控的现状进行了分析，并提出相应的调控建议与展望。

第 6 章，企业视角下房地产绿色营销策略研究。首先以顾客满意为导向，基于房地产产品层次对房地产企业绿色营销策略进行了研究；其次运用多层次灰色评价法对房地产企业绿色营销能力进行了评价研究，有助于企业绿色营销能力的提升；最后对宏观调控下我国房地产企业的应对策略与前景进行了预测。

第 7 章，消费者视角下房地产绿色营销策略研究。通过对国外绿色消费者的文献研究，建立了消费者环境倾向框架，并依次将消费者分类，对不同类别的消费者提出不同的营销建议，还对宏观调控下我国消费者的理性消费做出了引导。

第 8 章，结论与展望。总结本书的成果与不足之处，并指出以后努力的方向。

其中第 1 章和第 2 章回答了什么是房地产绿色营销和为什么要进行房地产绿色营销策略研究的问题。第 3 章通过分析房地产绿色营销的困境与障碍，回答了房地产绿色营销研究的必要性问题。第 4 章通过房地产绿色营销影响因素分析回答了是什么影响房地产绿色营销实施的问题。第 5 章、第 6 章和第 7 章依据第 4 章的研究成果，分别从政府、企业与消费者三方视角回答了房地产绿色营销如何实现的问题，也就是房地产绿色营销策略问题。第 8 章是总结与展望。

本书的结构逻辑关系如图 1 - 1 所示。

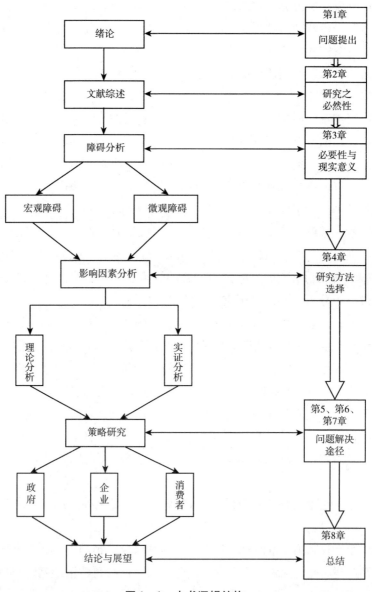

图 1 - 1　本书逻辑结构

第2章 文献综述

2.1 绿色营销理论

2.1.1 绿色营销的内容与步骤

1. 传统营销与绿色营销

绿色营销是新时代营销学理论发展的必然阶段，随着全球生态环境恶化、绿色运动兴起和人们绿色意识的觉醒，发展绿色经济、实现低碳发展是企业在新形势下发展的必然要求，传统的营销理论已不能满足现代企业营销的新特点和要求，营销的"绿化"已势不可挡。绿色营销是现代市场营销发展的一个重要方面，也是对传统营销的延伸及扩展。从管理视角来看，传统营销与绿色营销在目标、参考决策框架、哲学基础、生态责任、采用主要手段等方面都有所不同①。

第一，标准或目标不同。传统营销的最终目的和实现标准是完成组织目标即获得预期利润和实现顾客满意。绿色营销在这二者的基础上还考虑了生态系统的兼容性，即组织目标和实现顾客满意须在生态环境不遭受破坏、生态系统可承载的前提下进行。

第二，参考决策框架不同。与传统营销相比，绿色营销强调"从摇篮到坟墓"。在产品的整个生命周期过程中，采用绿色方法以达到减少对生态系

① William E. Kilbourne. Green Marketing：A Theoretical Perspective ［J］. Journal of Marketing Management，1998（14）：641 –655.

统的污染，实现绿色发展。传统营销视域相对狭隘，只基于产品的某一阶段或针对产品的某一部分进行思考的基础上决策，而绿色营销是在产品全生命周期的考量基础上进行综合性、整体性思考。传统营销以短期获得的利润为导向进行决策，而绿色营销是以长期可持续发展为导向。

第三，哲学基础不同。传统营销遵循的哲学基础是人类中心说，一切以人类的自身利益为出发点，忽视自然界的内在规律及生态系统平衡的重要性。而绿色营销认识到了自然界生态系统平衡对人类发展的重大意义，他们以生物中心说为基础哲学理论，提倡人与自然的和谐共生，同时他们还提出了生态系统具有承载力等的诸多限制因素，因此需要对耗费的生态成本进行补偿。

第四，生态责任不同。传统营销着眼于区域内或本国范围内的生态责任，关注的领域较为狭隘；而绿色营销放眼国际与全球、关注全人类的和谐与发展。传统营销企业几乎没有在保护生态方面投入成本或仅投入很少的成本；而绿色营销企业对生态成本则有完全的财政预算。传统营销认为生态责任应由某个组织负责；而绿色营销则要求在产品的生命周期内各个组织成员能彼此负责。

第五，采用的主要手段不同。传统营销主要用计划减少成本；而绿色营销强调用 PLC 即产品生命周期评价与生态审计方法①。传统营销强调工业化的生产过程，而绿色营销关注产品由设计到废品回收的整个生命周期过程。传统营销采用全面质量管理（TQM）方法；而绿色营销引入生态内容，进行全面质量环境管理（TQEM）。传统营销聚焦于有形产品的开发，而绿色营销关注的则是有形的产品和无形的服务。

总之，绿色营销是在 20 世纪 50 年代由产品导向转向顾客导向的、具有根本性变革基础上的营销观念的又一次升华。基于管理视角下它与传统营销的比较如表 2 - 1 所示。

2. 绿色营销的内容与步骤

完整的绿色营销过程应包含以下内容。

一是树立绿色营销观念。所谓绿色营销观念，是指作为经济活动的主体企业在经营活动中，按照可持续发展的要求，注重地球生态环境保护，促进生态、经济和社会的协调发展。它强调经营活动的可持续性和企业、消费者、

---

① 谭昆智. 现代企业营销创新［M］. 广州：中山大学出版社，2007：38 - 40.

表 2 - 1　　　　　　　　管理视角下传统营销与绿色营销的比较

分类	传统营销	绿色营销
标准/目标	1. 顾客满意 2. 组织目标	1. 顾客满意 2. 组织目标 3. 生态系统的兼容性
参考决策框架	1. 直接渠道沟通 2. 片面性思考 3. 短期利益导向	1. 从摇篮到坟墓 2. 综合/整体性思考 3. 长期可持续发展导向
哲学基础	人类中心说	生物中心说
生态责任	1. 当地/地区/国家的 2. 无/过低的生态成本 3. 单个组织负责 4. 公共部门负责	1. 全球/国际的 2. 对生态成本完全预算 3. 产品系统生命周期成员互相负责 4. 私人和 PSU 部门负责
主要手段	1. 用计划减少成本 2. 孤立的部门作用 3. 聚焦于工业生产过程 4. 全面质量管理 5. 聚焦有形的产品	1. 用 PLC 产品生命周期评价和废物处理，生态审计 2. 采用交叉作用团队 3. 聚焦生命周期过程 4. 全面质量环境管理 5. 聚焦有形的产品和无形的服务

资料来源：William E. Kilbourne. Green Marketing：A Theoretical Perspective ［J］. Journal of Marketing Management，1998 （14）：641 – 655.

社会与生态利益的统一①。企业在实施绿色营销过程中，从指导思想到具体营销过程，应始终坚持绿色信念，这是我国现阶段实现可持续发展的必然要求。

　　二是搜集绿色信息，分析绿色需求。企业要及时广泛地收集相关的绿色信息，如绿色消费、科技、资源、法规、竞争对手、市场状况等信息，并结合自身情况采取相应措施，深入研究信息的真实性与可行性，分析消费者的绿色需求以便为企业实施绿色营销提供依据。

　　三是制订绿色计划，树立绿色企业形象。企业应制订绿色计划，明确企业应当承担研制和营销绿色产品的义务，阐明企业的绿色发展方向及发展途径，以实际行动努力树立企业可持续发展的绿色形象，企业形象是指社会公众对一个企业的综合看法，需要企业内部员工为之努力，通过实践得到外部

---

① 万后芬，马瑞婧. 绿色营销 ［M］. 武汉：湖北人民出版社，2000：55 – 58.

大众的认可。

四是开发绿色资源，研制绿色产品。在开发与利用绿色资源时，注重对环境资源的保护，要大力发展绿色产品，创立绿色品牌。保证研制绿色产品的安全性，尽量使用可替代原材料，提高产品的使用效率、生命周期与再回收利用率。应注重采取新技术、新设备来节能减排，促进可持续发展，实施绿色设计，清洁生产。

五是制定绿色价格，获取绿色标志。影响绿色产品价格的因素包括绿色需求、绿色成本竞争、营销目标及其他营销组合变量。绿色产品价格由于包含了其环境成本，因此，大多会高于普通产品价格，可采用成本导向、需求导向、竞争导向等定价方法，采取新产品定价和一些差别定价策略以确保绿色价格被人们接受。同时努力获取绿色标志与绿色认证，这是企业立足发展的重要途径。

六是选择绿色渠道。开辟绿色渠道，如通过直销、专门管理机构等促进企业绿色营销发展，做到产销一体化即产品生产与流通全过程的有机结合，使售前、售中、售后相结合，减少中间环节①。

七是开展绿色促销，鼓励绿色消费。绿色产品促销包括绿色产品的广告策略、人员推销策略、公共宣传策略和销售促进策略等，强调产品的绿色特征，如低碳、节能等，向消费者传达绿色信息，引导绿色需求。激发消费者绿色意识与需求并引导他们实施绿色消费②。

八是实施绿色管理，提供绿色服务。将"绿色环保"观念贯彻到企业经营管理全程之中。

总之，绿色营销要从生产资料和消费品的营销环节、贮存、运输、回收处理等各方面，全面系统地考虑环境保护问题，否则便不是完整的绿色营销。

2.1.2 国内外绿色营销的演进与述评

1. 国外绿色营销研究现状

市场营销理论是随着市场的变化和人们对市场的认识逐步发展的。1960年美国密歇根州州立大学麦卡锡（McCarthy）教授将影响销售的各种因素归

---

① 徐大伟. 企业绿色合作的机制分析与案例研究 [M]. 北京：北京大学出版社，2008：5－8.
② 王洪刚，韩文秀. 绿色供应链管理及实施策略 [J]. 天津大学学报，2002（6）：97－100.

结为 "4Ps" 即产品 (product)、价格 (price)、渠道 (place) 和促销 (promotion)。20 世纪 80 年代，菲利普·科特勒提出大市场营销概念，简称 "6Ps"，又增加了政治力量 (political power) 和公共关系 (public relations)。之后，他又将 "6Ps" 扩充为 "10Ps" 原则，即战术型 "4P"：产品 (product)、价格 (price)、渠道 (place) 和促销 (promotion)；战略型 "4P"：诊断 (probing)、优选 (prioritizing)、细分 (partition) 和市场定位 (positioning)；广义市场营销 "2P"：政治力量 (political power) 和公共关系 (public relations)。20 世纪 90 年代，美国营销大师劳彭特提出 4Cs 理论，即顾客 (customer)、成本 (cost)、便利 (convenience) 和沟通 (communication)，是以消费者需求为导向的市场营销理论。美国的舒尔茨 (Schultz) 提出了 4Rs 营销新理论，将营销要素归结为 4Rs：关联 (relating)、反应 (reaction)、关系 (relation) 和回报 (respond)①。企业的经营理念也由生产观念、产品观念、推销观念、市场营销观念再到社会营销观念，不断地进步与发展。

绿色营销观念属于社会营销观念范畴，它的出现宣告企业已进入一个企业利益、消费者利益、社会利益和生态利益相协调的统一的发展时代。绿色营销根植于全球生态环境的恶化和人们的绿色需求，是 21 世纪企业发展的关键因素，学术界对绿色营销理论的研究可追溯到 20 世纪 70 年代。对国外绿色营销的发展，一些学者提出了自己的见解，如英国的肯·毕提教授将绿色营销划分为生态绿色营销、环境绿色营销和可持续绿色营销三个阶段。

对前人的研究成果加以总结和提炼，可以将国外绿色营销发展过程描绘为萌芽期、成长期、挫折期和复兴期四个阶段。

第一阶段：萌芽期 (20 世纪 70 年代至 80 年代中期)。

20 世纪 60 年代和 70 年代早期，随着生态危机不断加剧与人类绿色意识的觉醒，人们对社会与环境的忧虑逐步加剧。蕾切尔·卡逊的《寂静的春天》、罗马俱乐部的《增长的极限》等都使人们更加关注环境问题，如空气污染、石油资源的枯竭、石油泄漏、合成杀虫剂 DDT 的生态影响等。人们开始意识到：我们生活在有限的世界里，然而无尽的、失去控制的扩张将最终耗尽我们赖以生存的自然资源和生态系统②。绿色营销的萌芽悄然而生。

---

① 张沈生. 房地产市场营销 [M]. 大连：大连理工大学出版社，2009：17 - 21.
② Ken Peattie. Towards Sustainability：The Third Age of Green Marketing [J]. The Marketing Review，2001 (2)：129 - 146.

最早进行绿色营销研究的是乔治·菲斯克和其他 70 年代的学者①。美国营销协会（AMA）在 1975 年建立了第一个"生态营销"工作室。海宁（Henion）与金尼尔（Kinnear）在 1976 年对生态绿色营销给出以下定义：有助于形成环境问题以及能够为环境问题进行治疗补救的所有营销活动。

但在这一时期，绿色营销的关注范围还比较狭隘，只是着重于当地或本国的特定环境问题，局限于汽车、石油、化工等一些污染较重的工业，且参与范围较小，只有少部分企业和消费者做出了显著的改变措施。如美体小铺（Body Shop），本杰里（Ben and Jerry's）和明尼苏达矿务及制造业公司（3M 公司），他们都坚定地拥护环境价值，成为绿色市场的先导和楷模。

第二阶段：发展期（20 世纪 80 年代末期至 90 年代中期）。

20 世纪 80 年代后期，生态环境恶化加剧，1984 年印度博帕尔惨案，1985 年臭氧层空洞被发现，1989 年美国大型油轮埃克森美孚（Exxon-Vaidez）原油泄漏事件等一系列灾难震惊了公众，使人们对环境的忧虑成为主流的话题。"可持续发展"的绿色理念在英国布伦特兰德报告"Brundtland Report"（WCED）中得到广泛传播与推动②。"清洁工艺"这一产品和生产系统的创新设计，即在设计阶段消灭污染的新型工艺理念被公众所接受。1988 年，埃尔金顿（Elkington）和黑尔斯（Hailes）发表了《绿色消费指南》一书，为消费者提供了有关绿色消费的建议和降低他们消费与购买行为对环境的影响。该书迅速成为最畅销书籍并连续 9 个月蝉联英国非小说类文学作品最畅销作品。到 1993 年，至少有 44 种不同版本的绿色消费者指南出版。

20 世纪 80 年代末期，学术界对绿色营销也产生了极大的兴趣。对绿色营销问题研究文章的大量涌现标志着关注生态的消费者和营销者的新时代的到来。学者们投入大量的时间与精力研究企业能够或应该在即将到来的绿色时代中采用的探索战略与战术方法。如迈克·波隆斯基和杰奎琳·奥特曼对美国和澳大利亚营销经理进行了实证研究，意在评估哪些利益相关者应参与到绿色 NPD 过程中以及怎样参与的途径，文章以管理者为重点，对营销经理未来发展绿色产品提供了宝贵经验③。肯尼斯·洛德（Kenneth Lord）和贾桑

---

① Fisk，G. Criteria for a Theory of Responsible Consumption ［J］. Journal of Marketing, 1973 (37)：24 – 31.

② WCED. Our Common Future ［M］. Oxford University Press, 1987：1 – 6.

③ Jacquelyn Ottman. Green Marketing：Challenges and Opportunities for the New Marketing Age ［M］. New York：NTC Business Books, NTC Publishing Group, 1993：68 – 74.

伊·普特雷弗（Sanjay Putrevu）研究了怎样达到"消费者的自我效能"（PCE）的积极和消极因素，以及消费者提升环境的能力，基于对美国东北部的实证研究，分析了使用激励消费者再循环行为的营销策略。瑞德·沃克（Rhett Walker）和达拉斯·汉森（Dallas Hanson）对生态旅游的绿色营销进行了研究，他们对旅游目的地——澳洲的塔斯马尼亚进行了绿色营销区别分类，从一个目的营销者的视角对绿色营销的概念进行了界定，探索不同利益相关者的重要性。乔治·菲斯克（George Fisk）和威廉·基尔伯恩（William Kilbourne）分别展望了绿色营销的未来发展，并给出建议。此外，还有的学者研究绿色营销的定义与过程；如何"绿化"绿色营销的过程；绿色消费者的识别与分类；绿色营销实践中利益相关者的作用及其他方面的问题。1990年沃特·汤普森（Walter Thompson）的研究数据指出，大约82%的美国消费者愿意为绿色产品多支付5%的溢价①。选举者，尤其是在欧洲的大选中，也借助与日俱增的绿色政治组织的力量。企业和主流政治团体都适应新的时代精神，开始努力发表环保政策和声明。毕提（Peattie）、查特（Charter）、梅农（Menon）等许多学者都认为，绿色营销在20世纪90年代的发展将是显著的、持续的和无休止的。范德米维和奥利夫（Van der merwe & Oliff）、奥特曼（Ottman）、毕提（Peattie）、维斯克（Waisk）等学者在20世纪早期和中期预言必定会出现消费者向具有环境与生态责任感的企业寻求生态友好产品的"绿色浪潮"②。

总之，在这一阶段，绿色营销的含义更加深远，关注范围也日益扩大，包括所有的用品与服务（如清洁用品、家电、旅游业、银行业等），开始从全球视角关注环境，质疑全球议题，如全球变暖、气候变化等。绿色营销的思想开始在全球范围内扩展。

第三阶段：挫折期（20世纪90年代中后期）。

在上一阶段发展期，绿色营销理念在理论和实践中都获得了长足的发展，关于绿色营销的研究也呈现百家争鸣、百花齐放的盛世。学者们大都预言绿色营销将随着时间的推移获得更大的发展。最初许多来自营销研究部门的证据也支持了这样的结论。如1990年沃特·汤普森（J. Watter Thompson）的研

---

① Marc Lampe, Gregory M. Gazda. Green Marketing in Europe and the United States: An Evolving Business and Society Interface [J]. International Business Review, 1995 (3): 35–39.

② Preeti. Green Marketing Opportunity for Innovation and Sustainable Development [J]. Green Marketing, 2010 (4): 21–38.

究数据指出，大约82%的美国消费者愿意为绿色消费者多支付5%的溢价。来自学术界的证据，再加上20世纪80年代末媒体数据的大力宣传，刺激许多公司都开展实施绿色营销行为。然而20世纪90年代中后期却远没有出现专家学者和企业家们翘首以待的绿色营销"盛世"。尽管在提高对营销环境的关注方面取得了一些重要的进步，但绿色产品市场表现与发展还是非常令人失望。

造成此现象的原因如下。首先，绿色项目巨大的成本，使其很难在实践中保持竞争优势。在竞争者打折促销、攻击环保技术可靠性的策略下，绿色产品显得格外"脆弱"。营销大师曾说过"一分钱足以抵销所有的忠诚"。因此，生产环保、价格有竞争力、技艺领先的新产品在实践中困难重重。其次，是关于绿色产品的界定。绿色产品的构成是值得探讨的，因为环保程度很难被量化与界定①。如玻璃公司声称玻璃是比塑料更环保的包装材料，因为它取材自然并可循环利用，但塑料公司却声称他们具有重量轻的优势，在运输过程中可以节省燃油，因此更加经济与节能。在美国，一次性纸尿裤的使用被诟病"浪费资源"，因而负责收集、清洗和发放布尿布作为替换物的家政行业曾火爆一时，然而在宝洁公司（Proctor & Gamble）的研究证据表明一次性尿布对环境的总体影响要好过洗涤剂、精力、水以及洗涤运输服务所带来的影响时，这个行业也随之衰退了。最后，消费者对绿色营销实践的怀疑使绿色营销的发展步履艰难。王（Wong）在一项很重要的研究中，指出绿色产品的性能不佳、商家过度热情促销宣传、科学研究不精确与法律不严谨等因素共同导致了消费者的怀疑与愤世嫉俗。20世纪90年代中后期，许多消费者非常困惑并不愿参与到绿色购买行动之中。此外，绿色消费者也很难被区分和界定。

第四阶段：复兴期（21世纪以后）。

尽管在20世纪末学术界许多专家、企业家和消费者对绿色营销的实际效果表示失望并产生了动摇，但大部分人仍坚信绿色营销是21世纪企业发展与社会进步的必然要求，应坚持绿色营销行为。如安德鲁·克雷恩（Andrew Crane）分析了绿色营销实践面对"反冲"的现实，并提出了如何克服障碍的战略导向策略②；林·安民（Lyn S. Amine）发表了题为《全球绿色话题

① Michael Jay Polonsky, Philip J. Rosenberger III. Reevaluating Green Marketing：A Strategic Approach [J]. Business Horizons, 2001 (9)：23 – 28.

② Andrew Crane. Facing the Backlash：Green Marketing and Strategic Reorientation in the 1990s [J]. Journal of Strategic Marketing, 2000 (8)：277 – 296.

的微观与宏观探讨——保持"绿色"不易》的文章，提出新时代绿色营销的
认知模型①。安德里亚·普洛瑟（Andrea Prothero）发表了题为《绿色营
销——将永不退去的热潮》一文，认为绿色营销面临的挫折即"反冲"是暂
时性的②，绿色营销绝不仅仅是个"热潮"。全球环境生态状况和所有国家对
自然环境的重视程度决定了绿色营销的发展方向只能是无限扩大。肯·毕提
教授在《绿色营销：传奇、神话、闹剧还是预言?》一文中指出了五种常见
的绿色营销误区，并提出若想为可持续发展作出更大贡献，必须在绿色营销
的思想和实践上作出巨大改变③。莫洛伊·霍什（Moloy·Ghosh）在《绿色
营销——变化时代中变化的理念》一文中提出企业只有避免绿色营销"近
视"，从"卖产品"向"卖服务"转变，才能走上更加可持续发展之路④。

2. 国内绿色营销研究现状

自 20 世纪 80 年代，我国开始绿色营销实践的探索。研究首先集中在
绿色产品领域，此后又逐步扩大到其他领域，研究范围、规模和深度都有
显著的提高，但与国外相比在理论和实践方面都存在较大的差距⑤。由于
我国属于发展中国家，过去几十年粗放型的发展模式虽然使经济获得了高
速发展，但同时也给国家的环境资源造成了巨大的浪费和损害，阻碍了经
济的进一步增长。因此，节能减排、可持续发展是我国经济健康快速发展
的必由之路，可持续发展问题已成为摆在我们面前的首要问题。绿色营销
作为一种现代新型的营销方式，以产品的全寿命周期为视角，从产品设计、
制造、回收等全过程实现节能减排，有助于企业的健康发展和实现经济社
会的可持续发展。

我国的绿色营销研究主要集中在以下几个领域。

一是从绿色消费者消费行为的角度来分析绿色营销。如阎俊在《影响绿

① Lyn S. Amine. An Integrated Micro-and Macrolevel Discussion of Global Green Issues：It Isn't Easy Being Green［J］. Journal of International Management，2003（9）：47 - 58.

② Andrea Prothero. Green Marketing：The 'Fad' That Won't Slip Slide Away［J］. Journal of Marketing Management，1998（14）：507 - 512.

③ Ken Peattie. Green Marketing：Legend，Myth，Farce or Prophesy? ［J］. Qualitative Market Research：An International Journal，2005（8）：12 - 28.

④ Moloy Ghosh. Green Marketing：A Changing Concept in Changing Time［J］. BVIMR Management Edge，2010（1）：82 - 92.

⑤ 梁东，郑春燕. "两型社会"建设中的营销创新［J］. 江汉大学学报，2009（7）：96 - 99.

色消费者消费行为的因素分析及其营销启示》一文中分析了绿色消费者的概念和分类，以及影响绿色消费者行为的主要因素①。提出了对企业开展绿色营销的启示，如要重视对绿色生活方式和绿色产品的宣传；要抓住旗帜消费者，通过他们影响其他消费者对绿色消费态度的改变等。宗文在《绿色消费者心理分析及其营销启示》中，将绿色消费者在购买行为中的心理过程大致分为认知过程、情绪过程和意志过程三部分。他提出对企业开展绿色营销，就要重视绿色教育，培养全民绿色意识；提倡绿色生活方式，营造绿色时尚；树立企业形象，增进感情赢得信任等。

二是分析我国绿色营销的现状以及发展对策研究。如林耸、马宗国认为，我国企业实施绿色营销的现状还处在浅层次的初级阶段。绿色需求程度不足，国民的整体素质不高，经济基础不足，环保技术落后以及环境保护的法律亟待完善等，都是我国企业所面临的问题。他们还提出了实施绿色营销应着重注意的问题，包括培养绿色意识，加强管理机构建设，制定产业政策并完善绿色标准等。提出了实施绿色营销的具体对策，如制订绿色营销战略计划，树立良好的绿色企业形象；搜集绿色信息，开发绿色资源；开展绿色营销组合；制定适宜的绿色价格；选择恰当的销售渠道；大力发展绿色产品的促销活动；加强绿色管理等②。胡永正确评价了我国绿色营销方面取得的成果，同时也指出了存在的问题。如绿色营销的正外部性市场失灵问题；绿色营销的外在压力不强，内在动力不足问题等。也提出了促进我国绿色营销发展的对策：增强企业的绿色意识；运用新技术、新工艺降低企业的绿色成本；加强企业的绿色营销管理；完善法律法规，实行强制性管理；培植绿色文化，进一步加强对消费者的绿色消费教育等。何志毅、于泳在《绿色营销发展现状及国内绿色营销的发展途径》一文中提出了绿色营销的四力模型，从消费者、企业、政府、环保非政府组织四个方面比较了国内外绿色营销的状况，分析了国内绿色营销的问题，并提出了促进国内绿色营销的途径。他们认为，国外绿色营销的主要力量是消费者的拉动力，而国内绿色营销应该以部分"深绿色"企业为主要推动力③。邱文华在《关于我国企业实施绿色营销的障碍及策略分析》一文中，从我国企业经营的实际情况入手，分析了目前企业

---

① 张轶，李士华. 企业绿色营销创新研究 [J]. 山东社会科学，2009 (2)：105 – 107.

② 甘碧群. 关于绿色营销问题的探究 [J]. 外国经济与管理，1997 (3)：19 – 22.

③ 何志毅，于泳. 绿色营销发展现状及国内绿色营销的发展途径 [J]. 北京大学学报（哲学社会科学版），2004 (11)：85 – 93.

实施绿色营销的主要障碍，并在此基础上提出实施绿色营销的促动战略模型，从政府、社会、企业三方面同时入手，"内外结合，推拉并用"，通过这种多角度、全方位的促动，迫使企业尽早实施绿色营销。

三是将绿色营销理论与企业实践相结合，研究各个产业绿色营销的实际问题。如蒋莉、潘颖、王兰等分析了房地产绿色营销的定义和实施的必要性，提出了房地产绿色营销中存在的问题，如绿色营销的外部性；绿色房地产的溢出价格；大部分房地产企业绿色营销意识淡漠，企业绿色营销动力不足；绿色环保技术落后；房地产绿色营销相关法规和制度建设不完善等。戚振强、刘长滨、樊瑜等分析了传统房地产业存在的问题，探讨了房地产绿色营销的内容以及房地产绿色营销的适应性问题，利用四种力量模式分析了我国房地产绿色营销中企业和政府的推动力量。

四是将绿色营销纳入社会发展框架中进行研究，对两型社会与绿色营销、低碳经济与绿色营销、可持续发展与绿色营销等热点问题进行探讨，并提出发展建议。

总之，我国的绿色营销研究还处于起步阶段，缺乏实证研究和实践应用，应大力进行实践领域的尝试，为绿色营销发展积累经验，探索有我国特色的绿色营销实践。

2.2 房地产绿色营销理论

2.2.1 房地产绿色营销的内容与特点

房地产绿色营销作为绿色营销理论在工程领域内的实际应用，其主要内容如下。

一是要树立绿色营销的观念。房地产业对我国国民经济的影响巨大，"牵一发而动全身"，而同时房地产业又是环境污染和资源浪费的重要源头。房地产业的绿色发展直接关系到我国环境资源状况的改善、我国国民经济的高速健康发展以及我国节能减排目标的实现和人民群众健康生活的需求。随着经济生活水平以及人们文化素质的提高，人们对于绿色健康的渴求日益强烈，绿色意识不断提高。因此，实施绿色营销是房地产业在新时期健康发展的客观要求和必然趋势。房地产企业只有树立绿色营销观念、实施绿色发展，才能在世界绿色发展的大潮中立于不败之地①。

二是要搜集绿色信息，开发绿色建筑。绿色建筑是指根据建筑地点的气候、环境、文化等特征，因地制宜，合理布局，最低程度地降低能源消耗和环境污染，促进可持续发展的建筑实践②。随着人们对绿色产品的追求日益强烈，传统建筑已无法满足社会可持续发展与民众健康生活的需求，因此发展绿色建筑已成为建筑业节能减排和改善民众居住环境的必然选择。房地产企业要积极搜集各种绿色信息，把握绿色发展的契机，适时开发绿色建筑，提高自身竞争力，努力实现社会、企业与个人的"三赢"。

三是要引导绿色消费。绿色消费是绿色营销得以持续进行与发展的重要动力因素。由于我国绿色营销起步较晚，深度与广度都无法与国外相比拟，消费者对于绿色建筑的认识也还存在许多的误区。如有的消费者对于绿色住宅的内涵与益处知之甚少，对绿色建筑本身持怀疑态度；有的消费者将绿色住宅等同于"奢侈住宅"；有的消费者认为绿色住宅的环保益处与个人无关③。因此，积极宣传和引导绿色消费十分必要，能够促进我国绿色消费意识的传播和绿色营销实践的持续推进。

四是实施绿色营销监管。在绿色营销过程中，注意系统全面地对营销活动进行监管，密切注意实施结果和反馈，并及时强化、调整或制止对环境不利的行为。要促使企业注重生态环保，严格落实促进节能减排、保护环境的科学技术和具体实施方案，将绿色房地产开发与环境保护相结合。加强对企业员工的绿色宣传与教育，建立质量保证制度和生态监测制度，使生态责任落实到岗位和个人，规范员工的行为④。

五是培育绿色文化。文化，是人类一切活动过程和结果的总称。广义的绿色文化即人类与环境的和谐共进，使人类实现可持续发展的文化⑤。从宏观角度，政府应肩负起培育全社会绿色文化的重任，提高全民绿色意识与素质，促进绿色消费行为的发展，促进全社会绿色文明的培育；从微观角度，

---

① 高炳华. 房地产市场营销 [M]. 武汉：华中科技大学出版社，2004：78－83.
② 郭玉良. 绿色住宅与绿色营销 [J]. 中国房地产，2001 (7)：46－48.
③ 邵继红，辛明亮. 我国房地产业绿色消费行为及营销对策研究 [J]. 全国商情，2010 (17)：10－13.
④ 司林胜. 我国企业绿色营销理念及实践的特征分析 [J]. 商业经济与管理，2002 (6)：5－10.
⑤ 林毓鹏. 加快发展我国绿色产业 [J]. 生态经济，2002 (2)：44－46.

作为社会细胞的企业应在领导者的带领下，努力培育自身的绿色企业文化，即组织成员共同拥有的价值观与信念体系，促进企业内部绿色文化的培养，促进房地产企业的绿色发展。

总之，房地产绿色营销的特点如下：第一，企业营销的对象不仅仅是房地产，而且是整个社区的大环境；第二，营销过程是连续的，依赖于环境的改善和维护能力的不断提高；第三，强调楼盘设计、建造、包装、物业管理过程必须贯穿环保意识；第四，通过环保和自然居住生态的思想来促销楼盘①。

2.2.2　国内外房地产绿色营销的演进与述评

1. 国外房地产绿色营销研究现状

国外对房地产绿色营销的研究主要集中在发展绿色产品即绿色建筑与生态住区的建造方面，最早开始对房地产绿色营销理论进行相关研究的是德国学者海格尔。1866 年，他首次提出了"生态学"的概念。20 世纪 60 年代末，美籍意大利建筑师保罗·索勒瑞（Paola Soleri）把生态学（ecology）和建筑学（architecture）两词合并为"arology"，提出了著名的"生态建筑"的新理念。20 世纪 70 年代，石油危机的爆发使人们清醒地意识到，以牺牲生态环境为代价的高速文明发展史是难以为继的，未来建筑业必然摒弃传统"三高"的粗放发展模式，实施绿色可持续发展。研究以一系列建筑节能技术为主导的节能建筑成为发展绿色建筑的主要方向②。

20 世纪 80 年代，节能建筑体系逐渐完善，并在英国、法国、德国、加拿大等发达国家广为应用。同时，由于建筑物密闭性提高后，室内环境问题逐渐凸显，不少办公楼存在严重的建筑病综合征（SBS），影响楼内工作人员的身心健康和工作效率，早在 70 年代末，欧洲一些国家的科学家就已着手研究现代建筑装饰材料、建筑材料释放的气体对居室空气的影响及对人体健康的危害程度，并指出：从室内空气中检出的 500 多种有机物中，有 20 多种为致癌物，国外把由于室内装饰用了有毒的建材而影响人体健康的病症称为"有病建筑综合征"③。由于室内空气污染导致人们健康受损的案例愈演愈烈、

---

① 戚振强，刘长滨，樊瑜. 房地产绿色营销探讨 [J]. 房地经济，2007（5）：78 – 81.

② 徐强，陈汉云，刘少瑜. 沪港绿色建筑研究与设计 [M]. 北京：中国建筑工业出版社，2005：58 – 65.

③ 张瑞利. 建筑设计中的生态与能效策略研究 [D]. 上海：同济大学，2007：36 – 39.

层出不穷，因此，对室内建筑环境的研究也成为国外绿色建筑研究的又一趋势。

1992年，巴西里约热内卢"联合国环境与发展大会"的召开，使"可持续发展"这一重要思想在世界范围内达成共识。绿色建筑渐成体系，并在不少国家实践推广，成为世界建筑发展的方向①。

30多年来，绿色建筑由理念到实践，在发达国家逐步完善，形成了较成体系的设计方法、评估方法，各种新技术、新材料层出不穷。一些发达国家还组织起来，共同探索实现建筑可持续发展的道路，如加拿大的"绿色建筑挑战"（green building challenge）行动，采用新技术、新材料、新工艺，实行综合优化设计，使建筑在满足使用需要的基础上消耗的资源、能源最少②。此外，学术界对绿色建筑进行了多方面的探讨，如凯森（Kansal，2010）基于生命周期成本对绿色建筑进行了评价研究，他介绍了绿色建筑的优势、特点以及当今流行的环境评价工具与评价系统，以生命周期成本评价法（LCCA）对绿色建筑进行了评价。瑞图（Ritu，2009）对绿色产品、绿色建筑作出了翔实的阐述，分别介绍了世界重要的绿色建筑评价与评估系统，最后关注了绿色建筑在印度等发展中国家的发展情况，提出要实现可持续发展，必须大力发展绿色建筑。海蒂（Heidi，2010）强调了可持续发展的重要性，提出房地产投资动力模型③，并从房地产投资者的角度分析了可持续发展建筑的动力与益处。西布里·弗莱明（Sibley Fleming，2009）和德尼斯·卡莱特（Denise Kalette，2010）分别梳理了2009年和2010年美国绿色建筑的发展，并对其未来发展趋势做出了展望。全世界范围内绿色建筑的发展也取得了令人瞩目的成就，如美国设计建造的"生态房""生态村""植物建筑""绿色旅馆""绿色办公室"等；加拿大建造的健康住宅和节能环保办公楼；德国的"生态楼""太阳能房屋""植物生态建筑""零能量住房"；迪拜的太阳能垂直村；西班牙泡泡形淡水工厂；土耳其奥塔柯伊建筑群（One & Ortakoy）；法国绿屋顶中学、苏丹摩天水塔；法国第戎多功能生态区、巴西的

---

① 江亿，秦佑国，朱颖心. 绿色奥运建筑评估体系研究［J］. 中国住宅设施，2004（5）：9 - 14.

② 尹伯悦，赖明，谢飞鸿. 绿色建筑与智能建筑在世界和我国的发展与应用状况［J］. 建筑技术，2006（10）：733 - 735.

③ Heidi Falkenbach，Helmut Schleich. Environmental Sustanability：Drivers for the Real Estate Investor［J］. Journal of Real Estate Literature，2010（2）：203 - 223.

巨能发电塔等。绿色建筑的蓬勃发展为房地产业绿色营销的开展与进步提供了坚实的基础。

2. 国内房地产绿色营销研究现状

随着我国城市化进程不断推进和 20 世纪 90 年代我国房地产业的市场化,房地产业得到了迅猛发展,但其高投入、高消耗、高污染的粗放型增长模式给自然与生态环境带来了巨大的压力。我国是发展中国家,人均资源相对贫乏,因此,如何节能减排、转变生产方式、实现可持续发展是我国高能耗建筑业的必然要求。我国前总理温家宝在哥本哈根以及召开的世界气候大会上,一再强调中国坚持走绿色、低碳、可持续发展的道路。因此,房地产绿色发展应运而生,房地产的绿色营销也随之发展起来。

与国外绿色营销相比,我国的绿色营销发展尚不成熟,还处于初级阶段,对于房地产企业的绿色营销也尚处于探索和实践阶段,在绿色建筑的发展和推广上还存在着较大的差距。目前,我国学术界对房地产绿色营销的探讨主要集中在以下领域。

一是研究房地产业绿色营销的现状与对策问题。如高泉平在《循环经济下房地产业绿色营销现状及对策研究》一文中指出①,现行房地产营销并未真正引导全社会形成绿色观念和贯穿到整个企业运作流程中,并提出要创造绿色消费需求、关注房地产绿色信息、建立绿色企业文化和采取绿色 4P 组合策略相关改进对策等。宋志国、宋丽娟基于消费者行为理论的 EKB 消费者行为模式,对房地产绿色营销因子进行分析,通过问卷调查方式,结合统计软件 SPSS 对数据进行分析整理,并提出有效的营销建议②。张卫星、徐岷珏分析了我国房地产开发中的绿色营销应用现状,并从房地产绿色开发产品、绿色渠道、绿色价格、绿色促销四个方面为房地产开发商提供了绿色营销组合策略建议。戚振强、刘长滨、樊瑜分析了房地产建设带来的各种环境问题、房地产绿色营销的内容与现行房地产绿色营销存在的问题,提出我国必须在房地产全寿命周期中引入绿色营销的理念。张格、张子刚基于 TGM 理论即全面绿色管理(total green management)理论探讨了房地产全面绿色管理的内容

---

① 高泉平. 循环经济下房地产业绿色营销现状与对策研究 [J]. 武汉理工大学学报,2009(16):183 – 186.

② 宋志国,宋丽娟. 基于消费者行为理论的房地产绿色营销分析 [J]. 中国管理信息化,2008(9):83 – 86.

并提出实施建议。宋巧、梁凤英对房地产企业绿色营销中存在的问题进行了研究，从绿色产品、绿色营销渠道、绿色沟通、绿色定价等方面提出了对策研究①。

二是从绿色房地产开发角度探讨绿色建筑的相关问题。如张巍、廖聪平通过分析绿色建筑全寿命周期成本管理绩效的特点，分别探讨提高绿色建筑全寿命周期成本管理的结果绩效和行为绩效方法。冯国亮通过分析全球生态转型的背景和建筑能耗突出的现状，提出以发展节能减排为基础的绿色地产是我国实现经济、社会与环境保护可持续发展的必由之路，并同时分析了绿色地产面临的诸多"瓶颈"问题并给予相关的合理化建议②。哈达认为，绿色节能建筑是房地产开发的必然趋势，在节能减排的背景下分析了我国能源消耗情况与开展建筑节能的内容与意义、经济与环保效益，强调房地产企业是推行节能建筑的主体。要结合当地能源消耗特点和可再生自然能源优势，提出适合本地区发展的节能建筑。吕娇娇、马嵘分析了住宅产品的发展过程与现状，提出绿色生态住宅是住宅创新的新趋势。虞蓉从经济学的角度对阻碍绿色施工的因素进行研究，分析了其外在因素，并提出可行性改进措施。郑燕鸣、李启明等基于生命周期评价（life cycle assessment，LCA），通过分析房地产开发生命周期各阶段可能造成的环境影响，提出了避免环境问题的绿色开发原则，并建立了绿色开发管理模型。段恺、赵文海等介绍了《建筑业10项新技术》（2010版）的绿色施工技术的应用形式，实现建筑领域的资源节约与节能减排。严斌、陆兵、阮海林认为，产品的竞争是房地产开发竞争的主要方面，针对房地产绿色产品层次提出了相应的开发策略。

三是研究低碳经济下房地产绿色营销发展前景。如申玲、黄佳从实质和内涵方面介绍了低碳经济与国外发展低碳房地产的努力，分析了中国企业在低碳经济中的发展机遇及制约中国房地产企业发展的主要因素，并提出关于发展前景的合理化建议。高泉平提出绿色建筑与低碳理念在本质上的一致性，分析了碳排放交易下绿色建筑二氧化碳（CO_2）的减排价值，并对绿色建筑进行了基于 CO_2 减排价值计算的经济效益分析，为正确评价绿色建筑收益提供了有效途径。刘越分析了低碳经济提出的背景与内涵及技术对发展低碳经济的关键作用，提出产品设计的关键在于面向环境的设计技术、面向能源的

---

① 宋巧，梁凤英. 房地产企业绿色营销中存在的问题及策略研究 [J]. 经济与管理，2005 (7)：110 – 112.

② 赵霓君. 房地产业实施绿色营销的策略研究 [J]. 建筑经济，2004 (3)：81 – 82.

设计技术、面向材料的设计技术等，并对绿色产品设计技术促进经济发展进行了实证分析，并提出绿色产品设计的建议。

总之，目前对房地产绿色营销问题的研究还尚处于起步阶段，虽然在理论层面有了长足的发展，但在先进理念的引入及绿色营销的实践问题等方面还存在较大的差距，对房地产绿色产品开发与评价等方面尚未形成成熟完整的开发评价体系。因此，房地产的绿色营销问题还有待于进一步的研究与深化。

3. 我国房地产绿色营销的探索

我国的房地产绿色营销实践也主要集中在绿色建筑方面。与国外相比我国绿色建筑的水平还处于初级发展阶段，实践经验相对不足，缺乏相关的技术支持与应用。为了实现党的十七大提出的节能减排的长期目标和发展低碳经济、发展低碳能源技术的要求，国家出台了一系列政策扶持绿色建筑的发展。从 2001 年起，我国业内人士在融合了国际上发达国家制定的绿色生态建筑评估体系和总结了国内示范工程建设，以及住宅性能评定技术指标相关内容的基础上制定了一系列以绿色建筑理念为出发点的、符合我国国情的可持续发展建筑评估体系。2001 年 9 月，我国第一部生态和绿色技术相关手册《中国生态住宅基础评估手册》公布，并经过实践的检验分别于 2002 年和 2003 年进行了两次修订。2003 年，我国针对 2008 年召开的奥运会出台了绿色奥运建筑评估体系。2006 年，我国颁布绿色建筑评价标准，对绿色建筑的概念作出了明确的定义。2007 年 11 月，住房和城乡建设部（原建设部）颁布《绿色建筑评价标识管理办法》，明确将绿色建筑由低至高分为一星级、二星级和三星级 3 个标准；各类建筑项目须经过住建部科技发展促进中心审定并颁发证书和标识后，方可成为真正意义上的"绿色建筑"。2008 年，建设部正式公布了第一批绿色建筑设计评价标准的项目。2012 年 12 月发布的《北京市绿色建筑设计标准》填补了我国建筑业在设计、建设过程中内容缺失的空白。

2011 年 11 月 12 日，在江苏省镇江市召开了第八届中外绿色人居论坛，探讨了我国绿色建筑的评价体系问题；住房和城乡建设部时任副部长仇保兴也首度透露，正在研究对大型公共建筑实施节能奖励：一是对绿色建筑给予财政补贴（其中对三星级的绿色建筑给予每平方米 75 元的补助）；二是将来如果开征物业税，对三星级绿色住宅可以考虑减免。此外，他还对地方政府给绿色建筑开发商赠送容积率的方法表示肯定。住建部科技发展促进中心主

任杨榕则证实，住建部正配合有关部门制订"国家绿色建筑行动计划"。截
至 2012 年 10 月底，通过国家"绿标"认证的绿色建筑项目总计已达 268 项。
其中，江苏、上海、广东和浙江东部四省市"绿标"项目数占比超过 60%。
2013 年，住房和城乡建设部颁布了新版的《绿色建筑评价标准》。2017 年
初，住建部发布《建筑节能与绿色建筑发展"十三五"规划》方案，计划在
2020 年之前实现绿色建筑占新建建筑的比率达到 50% 的目标。不难预期，中
国对绿色建筑技术的需求将在未来几年内迅速增长，绿色建筑行业发展潜力
不容忽视。总之，我国绿色建筑的实践正在如火如荼地开展，也取得了喜人
的成绩，为我国房地产绿色营销的发展奠定了基础并提供了保障。我国绿色
地产发展之路如表 2 - 2 所示。

表 2 - 2　　　　　　　　　中国绿色地产发展大事

年份	事件
2004	建设部"全国绿色建筑创新奖"启动，我国绿色建筑进入新阶段
2006	住房和城乡建设部正式颁布《绿色建筑评价标准》
2008	住建部组织推动绿色建筑评价标识和绿色建筑示范工程
2013	住建部颁布新版《绿色建筑评价标准》
2017	住建部发布《建筑节能与绿色建筑发展"十三五"规划》

资料来源：根据中国建筑和城市可持续发展网站资料整理。

2.3　房地产绿色营销与其他学科的关系

2.3.1　中国传统文化与房地产绿色营销

中国传统文化是以中华民族为创造主体的，在中国大地上形成和发展起
来的，具有鲜明的民族特色的，影响了整个社会历史的，较为稳固而又具有
动态特征的物质文化和精神文化的总和；中国的传统文化是以儒家思想为主
体，融入释、道观念的一种成熟的伦理文化①。它是人类文明史上一颗璀璨

---

① 王祥云. 中西方传统文化比较 [M]. 郑州：河南人民出版社，2006：14 - 18.

的明珠。中国传统文化为农业文化，农民与土地的结合是社会延续的基本条件。无农不稳，两千多年来，中国一直将农业放在社会、政治、经济的头等地位，传统的农业经济文化使土地、住房成为个人财富、地位的重要标志。中国的传统文化经过几千年的积淀已深深烙进了现代社会经济发展的脉络之中①。中国传统文化中朴素的生态经济观对房地产绿色营销的发展起到了引领和奠基作用，是房地产绿色营销的理论渊源。

1. "天人合一"观是房地产绿色营销的理论基础

从因任自然的"顺天"到改造自然的"制天"，再到"顺天"与"制天"相结合的"天人合一"观，我国传统文化对人与自然关系的探讨经历了三个阶段。道家学派的代表人物庄子提出"天地与我并生，而万物与我为一"的天人合一观，主张天人一体，人的一切行为都应与自然保持和谐统一，必须尊重和了解自然规律，按规律办事，才能达到天人一体、和谐共生。周易在《易经》中提出"与天地合其德，与日月合其明，与四时合其序，与鬼神合其吉凶"的新天人合一观，强调不仅要尊重自然规律，也要发挥主观能动性去改造自然，从而使人类经济与自然环境协调发展。绿色营销观念的主要理念就是要实现人类经济与环境的协调发展，在营销过程中将可持续观念贯穿营销活动的始终，最终达到可持续发展的"天人合一"境界。

我国是农业经济文明，与自然的和谐相处是自古以来人们的生活理想，这一理想也体现在古代的房屋建筑之中。中国传统建筑讲究天人合一，追求的是建筑和自然的高度协调统一，往往是从规划开始就充分考虑利用自然条件来创造绿色环境，而不是破坏这个环境。此外，中国建筑的天人合一还表现在不以人工和自然来竞争生存，以群体取胜，注重虚实结合，以内敛的凹曲线与依附大地、横向铺开的特征表达与自然相适应、相协调的价值观念。在房屋设计上，尽量体现出与自然相通的构想，由于我国木结构框架系统的优点，墙体无须承受屋顶结构的压力，易于任意开墙，特别是在中国南部地区，通向庭院的一边，常常铺开一排落地长窗，开窗后能将室内外空气完全融为一体，达到人与自然的交融。在传统庭院中，建筑多有廊环绕，廊也是与自然保持和谐的中介与桥梁。还有中国独特的"天井"设计，如北京的"四合院"，安徽的"四水归堂"，福建的"土楼"等，形式各异。天井有着很重要的通风、采光的功能，既保证采光，又节约了能源，还能控制噪音，

---

① 赵麦茹. 前秦诸子经济思想的生态学阐释 [M]. 北京：社会科学文献出版社，2010：3–6.

能够充分利用自然条件来创造出良好的居住环境①。这与房地产绿色营销观的建设绿色生态住宅的理念完全一致。

2. "刚健进取"是房地产绿色营销发展的创新动力

我国传统文化中也包含着创新精神。如《易经》中提出"天行健，君子以自强不息"的主旨，形容天（即自然）的运动刚强劲健，君子处世，也应像天一样，自我力求进步，发愤图强，永不停息。"穷则变，变则通，通则久"，说明在面临不能发展的局面时，必须进行变革和革命，变革后才会通达，通达才能长久。汤之《盘铭》曰，"苟日新，日日新，又日新"，是商汤王刻在澡盆上的箴言，意为如果能每天除旧更新，就要天天除旧更新，不间断地更新。《诗》曰："周虽旧邦，其命维新"。《论语》载"譬如平地，虽覆一篑，进，吾往也"。这些都是中华民族刚健进取、锐意创新的生动写照。

我国房地产绿色营销同样具有创新性，体现在房地产营销理念、营销活动等方面的创新。与传统营销观不同，房地产绿色营销是以可持续发展为导向，将企业的经济效益与环境效益、社会效益三者相统一，达到企业和自然与社会的和谐发展，维护人们的整体利益和长远利益，这种全新的营销理念本身就是一种创新。

在房地产企业的营销活动中，包括房地产企业绿色营销产品创新，如房地产产品的绿色设计，要充分利用自然资源，将绿色理念融入设计。绿色住宅要杜绝粗放、浪费的模式，以最低的能源和资源成本去获取最高的效益。在实际应用中，开发商要从能源系统、水环境系统、气环境系统、声环境系统、光环境系统、绿化系统、废气物处理系统及生态建材系统八大系统全面地进行绿色设计。在绿色施工方面，房地产绿色施工主要包括保护施工现场环境、减少环境污染工程、节约资源。建设项目通常要使用大量的材料、能源和水资源。减少资源的消耗，节约能源，提高效益，保护水资源是可持续发展的基本观点。任何施工方法，都要以保证良好的施工质量为前提。因此，制定完备的监控系统，实施科学的工程进度管理，提高企业管理水平是保证施工质量的有效方法。

从房地产绿色营销渠道创新来看，我国房地产市场的营销渠道建设起步

---

① 阮仪三. 中国传统建筑的绿色智慧：天人合一的艺术［J］. 广西城镇建设，2011（3）：54 - 57.

较晚。房地产营销渠道是促使产品或服务顺利地被使用或消费的一整套相互依存的组织①。从房地产企业绿色营销渠道创新来看，我国房地产市场的营销渠道建设虽起步较晚，但发展迅速，目前我国房地产营销渠道除了包括传统的开发商直接销售、经销商销售、代理商销售等，还包括如网络营销、连锁式营销、全程代理式营销、异地营销、隐性营销等新型营销模式。在房地产绿色产品的促销与服务创新上，各大房地产企业竞相推出各种宣传手段与策略以满足消费者的绿色需求。

总之，房地产绿色营销不论是在理论还是实践上都具有创新性，其创新特征是实现房地产可持续发展的重要因素。

3. "和合"精神是房地产绿色营销的精髓

"和合"的"和"，指和谐、和平、祥和；"和合"的"合"，指结合、融合、合作。中华和合文化源远流长，和、合二字都见之于甲骨文和金文。"和"是我国传统文化中的重要范畴，先秦诸子百家儒、道等学者也提出许多"和谐"之道。《礼记》中提到"和也者，天下之达道也"。时至今日，"和为贵""和气生财""家和万事兴"等饱含传统"和文化"意蕴的用语仍经常出现在我们的日常生活中。构建社会主义和谐社会，是党的十六大和十六届三中、四中全会提出的重大任务。著名哲学家、中国思想史家、北京大学教授张岱年先生指出："合有符合、结合之义。古代所谓合一，与现代语言中所谓统一可以说是同义语。合一并不否认区别，合一是指对立的双方彼此又有密切相连不可分离的关系。"著名中国哲学史家、北京大学教授汤一介先生认为，在当今科技高度发展的信息时代，人类要生存和发展下去，就必须争取"和平共处"，必须实现"共同发展"。要达到此目的，就要建立起一种人与人之间的和谐关系，扩而大之，就是要调整好国家与国家、民族与民族、地区与地区的关系。同时也要建立起一种人与自然之间的和谐关系。因此，正确认识、科学运用我国传统的"和文化"与"和而不同，兼收并蓄"的和谐思想，是我国社会发展和经济进步的必然要求，也是房地产绿色营销之精髓所在。

始于农耕文明的"和合"精神，重视天地万物之和谐共生，包括大自然之间的万物和谐、人与自然的和谐共处、人与社会的和谐发展、人与人之间的和谐关系以及人自身内外身心的和谐等。与房地产绿色营销追求的房地产

---

① 王爱民. 房地产市场营销［M］. 上海：复旦大学出版社，2006：18 – 24.

企业经济利益与外部环境利益相一致，与房地产企业利益相关者之间追求共赢的利益相一致，与房地产企业绿色公平竞争、优胜劣汰的社会规律相一致，与房地产企业内部领导与员工同舟共济、和谐相处相一致。因此，"和合"精神是实施房地产绿色营销的精髓，是企业的经济效益与社会效益和生态效益有机统一、和谐发展的重要保证。

4. "崇德重义"是房地产绿色营销的伦理规范

中国是礼仪之邦，崇德重义，追求崇高的精神境界，向往理想的人格，强调修身自省，提倡见贤思齐，历来是中华民族优良道德传统的重要内容，是伟大中华民族精神的内在灵魂之一。《易经》有坤卦，其《大象》曰："地势坤，君子以厚德载物"，意为大地的气势厚实和顺，君子应增厚美德，容载万物。儒家学派的"义利观"倡导"重利轻义"，认为"君子喻于义，小人喻于利"，从经济学的角度讲，这里的"义"是指道德规范，"利"是指"经济利益"。当道德规范与经济利益发生冲突时，要"见利思义"，即首先要想一想，这种利以及求利的方式是否符合道德规范。如果合乎道德规范，那就当仁不让，心安理得地获取，"义以后取"；如果不合乎道德规范，那就宁可"君子固穷""先义后利"。理想的境界是"义利合一"，即在满足道德规范要求的基础上获得合乎法理的利润，即"君子爱财，取之有道"，最终达到"义以生利"。儒家学派的"五常"即"仁义礼智信"贯穿于中华伦理的发展中，成为中国价值体系中的最核心因素，同样强调做人要"诚实守信""言必信，行必果"。这对于现代企业构建遵守道德伦理规范、讲求诚信的营销理念有着重要的借鉴意义，也是新时期房地产绿色营销的伦理规范。

近年来，房地产市场中"见利忘义"的情况频频发生。过去几年，我国房地产市场的投机情况愈演愈烈，出现了"温州炒房团""山西炒房团""内蒙古炒房团"等大军，在房地产投资巨额回报的诱惑下，越来越多的人加入炒房大军，开发商通过囤地、炒地、捂盘，抬高房价、牟取暴利，更导致目前宏观调控下，由于房地产价格泡沫破碎导致的房价下跌，使很多工薪阶层资产"缩水"，导致"房闹闹"事件的发生；更有些不具备房地产开发资质的企业在项目运营时采取挂靠方式参与房地产开发，导致"烂尾楼"，开发商"携款出逃"，或建造管理质量责任缺失造成"楼倒倒""楼歪歪""楼脆脆"事件，使广大百姓蒙受巨大经济损失；随着近年来人们低碳和环保意识的增强，"绿色地产""生态地产""低碳地产"等更是成为楼盘之间相互竞争的筹码，近几年来各大楼盘纷纷打出"低碳牌""绿色牌"，借概念进行炒作，对消费者进行虚假宣传，只是采用了部分"低能耗"的节能技术，就宣称自己的环保贡献，乘机提高商品房价格。这些都是"见利忘义"的表现，只追求眼前利润的短期行为，不但使广大百姓蒙受了巨大的经济损失，破坏了公正的竞争秩序，而且也降低了房地产行业的信誉，不利于房地产业的长久发展。因此，房地产绿色营销势在必行，"崇德重义"也是房地产绿色营销成功的伦理保证。

2.3.2　可持续发展与房地产绿色营销

房地产绿色营销与可持续发展之间具有十分密切的关系。

首先，二者产生的经济社会背景相同。自工业革命以来，生产力获得极大发展，随着科学技术的突飞猛进和人口的急剧增长，人类社会活动规模逐渐扩大，对自然资源和环境的索取与干预也愈演愈烈，资源消耗速度与废物排放量呈几何指数增长，环境污染事件频频发生。甚至还出现了一些超出国家范围，触及全人类当前或未来利益，并将危及人类文明存在与发展的环境、资源、人口等"全球性"问题，如比利时马斯河谷烟雾事件、洛杉矶光化学烟雾事件、日本骨痛病等20世纪"八大环境公害"事件，人类社会面临严峻的生存危机①。西方的石油危机等资源短缺事件更加使人们意识到保护环境、实施绿色可持续发展的重要性。严酷的现实迫使人们重新审视与自然的关系和经济发展模式，可持续发展已初见端倪。随着卡逊的《寂静的春天》、罗马俱乐部的《增长的极限》等著作为我们敲响警钟，随后召开的斯德哥尔摩联合国人类环境会议提出"只有一个地球"的口号，更是成为人类社会迈向可持续发展的一个里程碑。此后，世界各国有识之士对人类发展模式及环境保护进行了不断的研究探索，可持续发展已成为新时代经济社会发展的主线。

同样，在人类社会深陷资源、环境危机的时刻，客观上要求工业企业转变生产与经济增长方式，由过去资源—产品—废弃物的线性增长模式，转变为资源—产品—废弃物—再生资源的集约化增长模式，从而实现绿色可持续发展。绿色营销作为一种新型的营销方式，能帮助有效节省社会资源、提升效率，有利于可持续发展，因此，不论在理论还是实践上都获得了极大的发展。

---

① 徐学敏. 绿色营销与可持续发展问题探讨［J］. 武汉大学学报，1998（6）：52-59.

房地产业是国民经济的重要行业之一，它的发展与上、中、下游数十个产业相关联，过去的粗放型经营模式使房地产行业成为资源浪费与污染的重要源头。房地产绿色营销有利于房地产业的绿色健康成长及社会经济的可持续发展。总之，可持续发展与房地产绿色营销理念都是在人类社会陷入危机，谋求绿色发展的背景下产生的，房地产绿色营销是可持续发展的重要内容。

其次，二者主体一致，目标相同。可持续发展的主体是可持续活动的组织者与具体实施者，同样房地产绿色营销的主体是房地产绿色营销活动的组织者与具体实施者，它们均可表现为承担相应职能的各类人员或组织机构。根据营销学理论与前人之研究成果可初步判断房地产绿色营销行为的主体为房地产企业、消费者、政府、环保非政府组织（NGO）等；根据可持续发展的含义与发展历程也可知其发展主体包括政府、企业、环保NGO与公众等。由此，绿色营销与可持续发展的主体参与者基本一致。可持续发展的主要目标在于促进社会经济发展与资源环境保护的协调，在不危及后代人满足其需求的前提下，寻找满足当代人需要的，确保人类社会平等持续发展的途径，从生产的角度，用发展的办法来解决我们面临的资源约束与环境污染的矛盾，建立人与自然相和谐的社会。房地产绿色营销以可持续发展观为指导，通过树立绿色营销观念、开发绿色建筑、引导绿色消费、实施绿色管理、培育绿色文化等一系列行为来实现社会经济的可持续发展。它的发展目标是通过实施房地产绿色营销，实现房地产业节能减排、低碳发展，促进房地产业的可持续发展，同时达到获取利润的目标，它是整个社会经济可持续发展的重要组成部分。因此，可持续发展与房地产绿色营销从本质上目标一致，都是为了保护生态环境，促进社会经济发展与自然环境相和谐，可持续发展是房地产绿色营销的终极目标，是实现可持续发展的重要组成部分。

最后，二者内容相同，发展途径相似。房地产绿色营销内容丰富，包括对绿色需求的分析、绿色营销计划的制订、绿色产品的开发、绿色价格的制定、绿色渠道的选择、绿色促销活动的开展、绿色管理的进行等一系列活动。从宏观意义上来看是房地产企业在努力实施优化资源配置、减少污染与浪费、提高生产要素的利用效率，在促进人们身心健康与社会可持续发展的同时提高自身经济效益，这也是可持续发展的重要内容。房地产绿色营销是可持续发展理念能够得以实现的依托和具体实践，房地产业的可持续发展是可持续发展理念在全球实现的重要组成部分之一。学者们在对于如何实现人类社会可持续发展的途径问题上意见不一，他们指出实现可持续发展的途径应因地制宜，根据不同的政治、经济、文化、地域、环境等特征自行选择最适合本国国情的方式。我国为促进可持续发展也作出了一系列努力，自 1973 年我国召开第一届全国环境保护会议后，提出了一系列与绿色发展有关的方略，如加快转变经济增长方式，推动科学发展，包括新型工业化道路建设、建设两型社会与创新型国家、建设生态文明、发展绿色经济、促进绿色低碳发展等。在党的十四届五中全会与全国人大四次会议上，可持续发展被列为国家现代化建设的重大战略之一①。总之，我国正在加强对可持续发展的宣传、培训与教育，努力提高人们保护环境、健康生活的可持续发展意识与理念，提倡产业清洁生产，加强对绿色产品的开发、清洁能源的使用、对绿色认证的完善与监管，加强对可持续发展的立法建设，努力创建"两型社会"，实现绿色发展。这都是我国房地产绿色营销发展的指导思想和宏观方略。因此，如果说"可持续发展战略"是从宏观方面促进人与自然、经济社会与环境的和谐发展的话，那么"绿色营销"则是从微观的角度协调发展经济与资源永续利用和生态环境良好之间的关系，其最终目的都是为了实现人类社会的可持续发展②。

2.3.3　经济学与房地产绿色营销

房地产绿色营销与经济学关系密切。经济学为房地产绿色营销提供了概念和理论，为市场营销学的发展奠定了理论基石。房地产绿色营销与许多经济学理论密切相关。绿色营销的现代经济学理论基础有生态经济学、环境经济学、绿色经济学和西方经济学等。

1. 生态经济学与房地产绿色营销

生态经济学是一门从经济学角度来研究社会经济系统和自然生态系统复合而成的生态经济社会系统运动规律的科学，它研究自然生态和人类社会经济活动的相互作用，从中探索生态经济社会复合系统的协调和可持续发展的规律性。因此，生态经济学注重探求人们经济生活与社会发展的规律性，寻求人与环境、经济发展与环境可持续的和谐一致，是房地产绿色营销的指导理念。房地产绿色营销主要研究房地产企业在可持续发展理念指导下，如何

---

① 董小林. 环境经济学 ［M］. 北京：人民交通出版社，2005：34–39.
② 陈启杰. 可持续发展与绿色营销研究 ［D］. 厦门：厦门大学，2001：8–14.

树立绿色营销观念，引导与把握绿色市场需求，开发绿色建筑产品，制定和实施房地产企业绿色发展战略等一系列实践活动，从而实现房地产企业的生产经营活动与经济进步和生态环境相协调，因此，生态经济学是房地产绿色营销的理论基础，房地产绿色营销是生态经济学在房地产领域的实践表现。

2. 环境经济学与房地产绿色营销

环境经济学有广义与狭义之分。狭义的环境经济学被认为是研究环境污染防治的经济问题，也称污染控制经济学；广义的环境经济学还研究自然资源的合理利用，以及在经济发展中生态平衡的破坏与恢复等所涉及的经济问题，也称之为环境与自然资源经济学。环境资源的稀缺性是房地产企业实施绿色营销的深层次原因。人的自利性决定着环境资源的稀缺性，所谓稀缺（scarcity）并不是指环境资源在绝对数量上的稀少，而是与人类无限多样、不断增长的欲望相比较，用来满足这些需要的环境资源是相对不足的。环境经济学即关于如何分配使用可有多种用途但数量有限的资源来满足轻重缓急各不相同的需要问题。在房地产业发展中，土地、木材等一系列生产资料都具有稀缺性，这使房地产企业实施绿色营销，力求绿色可持续发展成为必然趋势。此外，由于环境资源具有很强的外部性与公共产品的特征，因此，在资源配置时市场机制并不能自动形成一个可以达到环境资源供求平衡的均衡价格，环境经济学家们为此提出了环境资源价值的概念及各种价值评估方法。环境资源的有价性是房地产企业制定绿色产品价格的重要依据。

3. 绿色经济学与房地产绿色营销

绿色经济学是指，从社会及其生态条件出发，建立一种"可持续经济"，即经济发展是自然环境和人类自身都可以承受的。为避免社会因生态危机而崩溃，必须削减工业产量，重新分配财富、土地及其他生产资料，充分利用再生能源，建立一种以"合作"为基础的经济模式。绿色经济学中所涉及的外部性理论与三效益理论都是房地产绿色营销的理论基础。

外部性理论是指当一个人从事一种影响旁观者福利，而对这种影响既不付报酬又得不到报酬的活动时，即认为该活动产生了外部性，针对此种影响的有利与否可将其称为正外部性和负外部性。房地产绿色营销活动会对社会资源、环境的可持续发展、人们的健康生活产生良好的影响，因此具有外部经济性或正的外部性。三效益理论是指经济效益、环境效益和社会效益的辩证统一，我国早在1983年全国环保会议上就曾提出要"经济建设、城乡建设、环境建设同步规划、同步实施、同步发展，实现经济效益、社会效益与环境效益的统一"。我国房地产绿色营销的最终目的也是要通过一系列绿色营销活动，在房地产产品生命周期的各个步骤实现绿色健康发展，在实现经济利益的同时做到保护环境能源，服务于社会经济，最终实现可持续发展，因此，在本质上也要求经济、社会与环境三效益的辩证统一。三效益理论也是指导房地产绿色营销实践的重要理论之一。

4. 西方经济学与房地产绿色营销

西方经济学作为研究稀缺性资源最佳配置问题的学科，其许多理论进展对房地产绿色营销都具有重要的影响和指导作用。边际理论是西方经济学中的一个重要的理论工具，它反映的是一个变量相对于另一个变量的改变所发生的改变。私人边际产值和社会边际产值的背离和矛盾使绿色营销成为必然。私人边际产值是指增加一个单位的投资后，企业收入所增加的值，它等于边际私人纯产品乘以价格；社会边际产值是指导社会每增加一个单位生产要素得到的纯产值，它等于边际社会纯产品乘以价格。私人边际产值与社会边际产值经常是会背离的，当社会边际产值大于私人边际产值时，企业处于一种最优的生产经营状态；当私人边际产值大于社会边际产值时，企业的生产行为则会给社会造成危害。可以运用绿色营销来缩小边际私人产值与边际社会产值的差距。对房地产企业自身来说，营销观念的转型还可能使自己的收益增加，如绿色价格带来的丰厚利润，在社会上的绿色形象也会成为一种无形资产，开展绿色营销在企业内部也产生了动力。正是在边际私人产值和边际社会产值的矛盾冲突中，房地产企业受外部压力和内部动力的双重作用下，绿色营销的产生就成为必然①。

2.4 本章小结

房地产绿色营销与传统营销在目标、参考决策框架、哲学基础、生态责任、主要实施手段等方面有所不同，是对传统营销的延伸及扩展，也是现代营销学理论发展的必然阶段。房地产绿色营销是绿色营销理论在房地产领域中的实践运用，也是房地产开发企业通过一系列的绿色营销组合手段来满足

---

① 张格. 中国房地产绿色营销研究 [D]. 武汉：华中科技大学，2004：67 - 72.

绿色消费者对绿色住宅的绿色需求，以实现社会效益、消费者效益和企业效益的三者协调统一，最终实现人与自然的可持续发展的过程。房地产绿色营销的理论渊源深厚，中国传统文化中"天人合一""刚健进取""和合""崇德重义"等理念都为我国房地产绿色营销提供了理论支持和伦理保证。可持续发展理论为房地产绿色营销的发展提供了终极目的和发展导向。经济学是房地产绿色营销的理论基础，其中生态经济学、环境经济学、绿色经济学与西方经济学等都为房地产绿色营销提供了理论源泉。

第3章 房地产绿色营销宏微观障碍分析

3.1 房地产绿色营销宏观障碍分析

3.1.1 房地产绿色营销环境障碍分析

1. 环境危机

（1）环境污染十分严重，环境形势依然严峻。经过 40 年的迅速发展，中国已跻身世界经济大国行列，但环境问题也日益凸显。中国地表水污染较重，七大水系总体为轻度污染，"三湖一库"富营养化问题突出，"水华"现象时有发生。全国 202 个城市的地下水质以良好到较差为主，总体呈恶化趋势，近岸海域水质总体为轻度污染，大气污染的程度不亚于水体污染，化学烟雾、大气灰霾和酸沉降污染频发。2010 年，113 个环保重点城市环境空气中，26.5% 的城市达不到国家环境空气质量二级标准，全国酸雨（PH 平均值低于 5.6）面积约占国土面积的 12.6%。此外，生活垃圾、工业固体废弃物、危险废弃物的总量也在持续增长，堆存的危险废弃物产生的废气、渗透液、淋溶水成为重要的污染源，固体废弃物污染程度日益加剧，范围不断扩大。

（2）"三废"排放量逐渐上升，环境压力持续增大。中国社会经济飞速发展的同时，向环境排放的各种废弃物也不断增多，废水、废气和危险废弃物的排放量都呈逐年上升趋势。中国废水排放总量从 2000 年的 432.9 亿吨上升到 2009 年的 589.2 亿吨，其中生活污水排放量所占的比重要高于工业废水。中国工业废气排放总量同样扩大迅速，从 2000 年的 138145 亿标立方米上升到 2009 年的 436064 亿标立方米，此外，中国固体废弃物排放量也与日俱增，由 2000 年的 81608 万吨上升到 2009 年的 203943 万吨。城镇活垃圾清运量在 2006 年有所下降后又呈缓慢上升趋势，2009 年达到了 15734 万吨，而在工业化、城市化快速发展的背景下，污染物的产生量还会增加，中国面临的环境压力还将继续扩大。

（3）环境治理初见成效，环境保护任重道远。随着环境污染问题的日益加重，环境保护也越来越受到重视，环境治理初见成效。中国环境污染治理投资总额逐年增加，环境污染治理投资额占 GDP 比重正稳步提高。中国各种污染物排放达标率和处理率也都呈上升趋势。在工业废水处理率不断上升的同时，城市污水处理也快速提高，2009 年分别达到 94.2% 和 75.3%；工业二氧化硫（SO_2）、烟尘和粉尘的排放达标率也快速增长，2009 年分别达到 91%、90.3% 和 89.9%；生活垃圾无害化处理达标率在 2006 年后开始快速提高，工业固体废弃物综合利用率则稳步上升，2009 年分别达到 71.4% 和 67%。

2. 资源危机

我国幅员辽阔，自然资源总量丰富，是世界资源大国，但由于人口众多，人均资源均落后于世界平均水平，且资源的利用率低、浪费严重，随着社会经济的发展我国的资源已面临巨大危机。

（1）水资源障碍。我国是世界上人均水资源最为贫乏的国家之一，总量小且污染严重。据统计，截至 20 世纪 90 年代，我国有 37.7% 的工农业用水已失去可利用价值，同时由于缺乏必要的治理措施，我国有巨量的工业废水与生活污水直接排入水中，水体污染严重[①]。2012 年 2 月 16 日，水利部副部长胡四一表示，我国水资源短缺情况十分突出，人均水资源量仅为世界人均水平的 28%，不仅有 2/3 的城市缺水，农村还有近 3 亿人口饮水不安全。人多水少、水资源时空分布不均是我国的基本国情和水情，水资源短缺、水污染严重、水生态恶化等问题十分突出，已成为制约经济社会可持续发展的主要"瓶颈"[②]。随着工业化、城镇化深入发展，水资源需求将在较长一段时期内持续增长，水资源供需矛盾将更加尖锐，我国水资源面临的形势将更为严峻。

---

① Andrew H. Chen, Jennifer Warren. Sustainable Growth for China [J]. The Chinese Economy, 2011 (5): 86 – 103.

② 谢永亮，姚瑞莲. 生态危机新地绿资源 [M]. 成都：四川人民出版社，2001: 18 – 25.

（2）矿产资源。我国已经探明的矿产资源总量较大，约占世界的 12%，仅次于美国和俄罗斯，居世界第三位①；但人均占有量不足，仅为世界人均占有量的 58%，居世界第五十三位①。近年来，我国矿产资源消耗量巨大，许多矿山后备资源不足或枯竭，到 2010 年 45 种矿产已探明有半数以上不能满足需求。国内供应不足以满足生产需要，贸易逆差不断扩大，且矿产资源开发利用率极低，浪费严重。全国矿产综合回收率仅 30% ~ 50%，比发达国家低 20%；矿产资源开采利用中问题严重，固体废弃物与排放物乱堆乱放，造成地下水与地表水体严重污染②。

（3）土地资源。我国土地面积居世界第三位，但当考虑人口因素时，我国人均占有土地不足 0.01 平方公里，约为世界平均数的 1/3。我国耕地整体质量恶化，后备资源不足，绝对量与人均量持续下降，土地资源退化与破坏严重，农业生产空间日益紧缩。水土流失面积不断增加，土地沙漠化愈演愈烈，草地资源破坏严重，草原退化、沙化、碱化面积日益增大，营养成分锐减。由于长期以来自然粗放的经营方式，重利用、轻管理、重开放导致目前我国耕地质量"低、费、污"问题严重，如何确保 18 亿亩耕地红线，解决耕地质量问题，关系到国家粮食安全与社会安定。

（4）能源资源。中国的能源蕴藏量位居世界前列，同时也是世界第二大能源生产国与消费国。我国的能源危机与环境的矛盾日益突出，人均能源占有与消费量远远不及世界平均水平。在我国，包括能源在内的各种资源如石油、天然气、金属、矿产等普遍存在无偿或廉价使用等问题，尚未建立正常的价格形成机制。我国面临能源短缺与污染严重的双重压力③。

3. 人口压力

我国人口众多，经济社会发展和资源环境仍然面临较大压力。劳动年龄人口在到达峰值后缓慢下降，劳动力成本趋于上升，对加快转变经济发展方式、提高人口素质提出了迫切要求；人口流动迁移活跃，城乡人口分布出现根本变化，对社会管理和人口管理带来新的挑战；人口老龄化进程明显加快，出生人口性别比长期偏高，成为社会和谐面临的重要问题。李斌指出，未来

① 初智勇. 关于中俄矿产资源合作的思考 [J]. 西伯利亚研究，2004（1）：11 - 16.

② 秦大河，张坤民，牛文元. 中国人口资源环境与可持续发展 [M]. 北京：新华出版社，2002：27 - 33.

③ 周冯奇. 资源节约型、环境友好型社会建设 [M]. 上海：上海人民出版社，2007：5 - 7.

一个时期，人口数量问题仍然是制约中国经济社会发展的关键性问题之一，人口素质、结构和分布问题将逐渐成为影响经济社会协调和可持续发展的重要因素。面对新形势，中国政府把全面做好人口工作、促进人口长期均衡发展作为战略任务，摆在更加突出的位置。

随着国际环境、国内环境、人口和计划生育工作环境的重大变化，以及人民群众觉悟和需求的不断提高和增长，中国人口和计划生育工作面临九大突出矛盾和问题。一是低生育水平不稳定；二是人口总量持续增长；三是人口总体素质不高；四是人口结构性矛盾日益凸现；五是就业压力十分巨大；六是公共卫生预防保健体系十分薄弱；七是新的困难群体开始显现，人口与资源、环境的矛盾依然尖锐，人口和计划生育经费投入严重不足；八是人口与资源、环境的矛盾依然尖锐；九是人口和计划生育经费投入严重不足。

4. 产业结构

改革开放以来，我国三次产业结构渐趋合理，总体符合产业发展的一般规律。但是，我国农业基础薄弱，"三农"问题一直困扰着我国的现代化进程；同时，迅速成长的工业未能对农业提供应有的技术改造和服务；第三产业发展严重滞后，对第一、第二产业的制约作用也相当突出①。根据国际三次产业结构变动的一般趋势分析，我国产业构成比例不合理，产业结构仍需改善。

世界各国的经济发展经验表明，经济的发展过程也是产业结构演化升级的过程，产业结构的调整升级是提高经济内在质量和转变经济增长方式的必要条件和有效途径。改革开放以来，我国经济实现了高速增长，与此同时，产业结构在经济增长过程中不断得到调整和优化。第一产业在国民经济中的比重呈迅速下降趋势，第二产业，特别是工业，增长速度最快，第三产业是产值比重增长最快的产业。

我国产业结构目前还存在一定的缺陷，正在优化和升级的过程中。如第一产业——农业虽然由片面发展粮食生产转变为农、林、牧、副、渔全面发展，但目前我国农产品的品种、品质，农产品的加工体系、农产品的区域布局等都还存在较大的缺陷。我国的第二产业——工业虽然几年来其技术水平得到显著提高，基本消除了过去长期存在的产业"瓶颈"，但也存在生产结

---

① 马晓河，赵淑芳. 我国产业结构变动趋势及政策建议 [J]. 中国城市经济，2008（11）：18－21.

构不合理、产业创新能力不足等一系列缺陷。我国第三产业——服务业虽然获得了长足的发展，在推动经济增长、解决就业问题等方面发挥了巨大贡献，但也存在一些不足，如对经济增长的贡献率大大低于第二产业，贡献率偏低；总体比重偏小；吸收的就业量有限；结构不合理，科技含量小，质量水平相对较低等①。此外，我国服务业产品创新不足，服务品质和技术水平不高，在组织规模、管理水平与营销技术上与国外服务业都存在相当大的差距，难以适应激烈的国际竞争需要。

总之，中国的环境状况可以概括为：局部有所改善，总体尚未遏制，形势依然严峻，压力继续加大。自然环境脆弱、人口众多、经济增长方式粗放、环境监管滞后，加之经济、社会迅速发展，使得发达国家工业化百年来分阶段出现的问题，在中国短短几十年的发展过程中集中出现，环境与发展的矛盾日益突出。污染带来的环境质量下降，生态平衡破坏以及公共危害越来越成为制约经济持续增长和影响社会和谐发展的关键因素，环境问题是中国当今及今后一个时期内面临的最严峻的挑战之一。调整产业结构和产业发展模式已成当务之急，给房地产绿色发展带来了机遇与挑战。

3.1.2 房地产绿色营销政府障碍分析

1. 政府对环保投入不足

我国环保事业面临资金短缺和生产领域中的技术装备落后等巨大困难。因此，在房地产绿色营销中政府还存在环保投入不足、技术落后、产业发展滞后等障碍因素。

一是环保投入严重不足。自20世纪80年代初开始，我国环保投资总量呈稳步上升趋势，至90年代末已有了较大幅度的增长，但占GDP总量的比重不高。据统计，我国环保投入约占GDP的1.5%；而依据发达国家的经验，环保投入占GDP的3%以上，环境质量才会得到明显改善，因此，我国环保投入总量还相对较少。我国环保投资还存在投资效率不高、设施运转效率低下、污染治理效果不佳、投资结构不合理、将重点一直放在工业污染而忽略

① 丁辉关，郭晓晶."十一五"时期我国产业结构调整和升级的策略分析 [J]. 改革与战略，2007（6）：34 - 37.

其他方面等问题①。

二是环保技术比较落后。中国环保设施本来就缺乏，大多数环保设施的工艺水平还处于国际上二十世纪七八十年代的水平，环保技术十分落后。而且，大部分企业规模小，没有能力进行环保科技开发和科技成果引进，环保技术进步速度缓慢。专业的环保技术服务十分薄弱，社会化程度低，致使技术和市场信息传递不畅，技术转化的市场化程度低，中介服务机构也不健全，进一步阻碍了中国环保技术水平的提高②。

三是环保产业发展滞后。中国环保产业主要集中在环保产品生产和三废综合利用这两个领域，而在低公害产品生产、环保技术服务和自然生态保护领域还很落后，环保产业在全国的发展极不平衡，中西部地区十分薄弱。即使在传统的环保产业上，发展水平也较低。如工业用水重复利用率虽然从2000年的69.6%上升到2009年的85.0%，但仍低于国际先进水平，且上升速度越来越慢；工业固体废物综合利用率2009年仍然只有67.0%，大大低于国际先进水平。

2. 立法缺位，监管缺失，执法不严

绿色营销观念是以可持续发展为导向的全新营销理念，是节能减排、建设低碳社会的必然选择。房地产业作为"三高"企业，它的绿色发展关系着我国建立两型社会和低碳发展的成败。绿色发展是以节约能源和保护环境为特征的发展进程，发展是本体，绿色既是约束又是方向，核心是处理好发展与环境的关系。但由于环境是公共产品，具有非排他性和非竞争性，产权不易界定，在没有外部约束的情况下，生产者倾向于过度使用环境，使自己的私人成本低于社会成本，以环境污染为代价来追求额外利润。房地产绿色营销是实现房地产绿色发展的重要前提，政府的立法与监管是房地产业成功实施绿色营销的必要保障。目前，我国已出台一系列与环境保护、绿色产品生产、经营等相关的政策与法规来支持和保障房地产绿色营销的发展。虽然政府在努力制定和完善相关的法律法规与各项措施，但在政策措施制定与执行的实践过程中，还存在着一定的不足与障碍，政府失灵的现象依然存在。

一是我国房地产绿色营销相关的法律法规不健全。由于我国开展绿色营销的时间较短，相关的环保法律法规缺失、不健全。即使是现有的相关规章

---

① 王梦奎. 中国经济发展的回顾与前瞻 [M]. 北京：中国财政经济出版社，1999：124 - 128.

② 尤艳馨. 我国国家生态补偿体系研究 [D]. 天津：河北工业大学，2007：56 - 61.

制度，大部分是以国务院各部门、各部委单独或联合颁布的"规章"或"通知"等形式建立，规格较低且没有形成正式的法律与法规模式，执行力与约束力不强。此外，在法律与政策的执行上存在执法不严、地方保护主义等现象，一些地方政府为了凸显业绩，盲目追求 GDP，存在用资源换经济的现象，对绿色营销法律法规的执行上较为宽松，对污染、浪费等现象执法不力，且对房地产企业非绿色行为处罚较轻。立法缺失、缺陷及执行力度不足使"三高"房地产企业没有足够的实施绿色营销、实现绿色发展的危机感与紧迫感。

二是政府对房地产绿色营销活动的监管制度尚不完善。在绿色营销活动中，政府的行政管理职能应体现在为市场制定一套行之有效的管理框架，并对其进行组织、协调、监督与控制。而目前我国政府在为房地产企业开展绿色营销营造公平竞争环境方面还存在漏洞。如在绿色建材的使用上，由于目前并没有明确的国家标准，也没有新型材料商或官方机构出具使用新材料节省能耗的数字公布，致使许多开发商以次充好，将"绿色"作为宣传噱头，扰乱了绿色市场秩序，而国家缺乏相应的认证标准与制度进行监管。如家居市场内"抗甲醛""无辐射""无污染"的环保产品比比皆是，产品的认证更是五花八门，大多数没有权威部门的统一认证，而只是打着"绿色设计""环保装饰"等旗号而定以高价，欺骗消费者。

三是政府的环保政策存在偏差。目前我国实施的环保政策是"谁污染，谁治理"。但这种污染治理政策的实施对经济运行规模的要求和技术条件的要求标准较高、比较严苛。而目前在我国实际情况下，大多数单个中小企业的污染排放制度与目前实施的经济运行规模之间存在较大的差距。同时，中小企业自身财力不足，而筹集污染治理所需的大量资金困难大、代价大，这就使得中小企业污染治理的成本相对较高，造成一些企业污染治理流于形式，做假、造假现象频出。

3. 政府对房地产绿色营销的激励政策不足

目前，我国政府针对房地产绿色营销的现状已不断探索与实践，推出了一系列的激励政策与措施，如对地源地泵、太阳能等可再生能源的补贴，对绿色建筑的认证和专项补贴等。但在实施过程中，仍存在着激励政策不足等发展障碍。

首先，政府发展绿色营销的群众基础薄弱。房地产绿色营销及绿色建筑的发展源于欧美等发达国家，而在国外绿色建筑大多数是由环保非政府组织

（NGO）发起，公众群起响应的"自下而上"的模式。而在中国，由于我国群众的绿色意识不强，NGO并不发达，绿色运动较为薄弱，无法带动绿色建筑和绿色营销的发展。因此，我国绿色建筑的推进模式是以政府为主导的"自上而下"的模式；由政府牵头来引导和制定绿色建筑的发展方向，实行强制性政策，缺乏对绿色消费观念的培育与扶持，没有形成消费者强烈的绿色需求①，而大部分的开发商只是被动地接受，因此他们在实施上积极性不高，大部分企业只是消极地完成任务，并没有认识到绿色营销和绿色发展会给企业带来机遇和发展空间，只有为数不多的具有前瞻性的大型房地产开发企业意识到房地产业绿色发展的趋势，因此，政府推进房地产业绿色营销发展的步履艰难。

其次，政府现行激励政策不足，补贴有限。现有的补贴政策存在漏洞，以地源热泵补贴为例，只要是开发商在其开发的项目中采用了地源热泵系统，就可以拿到补贴，这样会造成开发商为拿到补贴而去做地源热泵的现象，造成一是忽略了对实际情况是否适合使用地源热泵的考察，有可能造成土壤与地下水的破坏，二是造成企业完全以经济利益为导向，忽略了工程质量与效果。

总之，政府应加大对房地产绿色营销的支持与鼓励，加大对开发绿色建筑的投资力度，应制定更加翔实、细致、具体的政策，如各种财政补贴，拿地时的政策倾斜，税收优惠，房地产税的减免等措施，吸引更为庞大的房地产企业参与绿色营销实践中，同时还要加强对企业绿色营销活动的监管，保障绿色营销良性运行。

4. 宏观调控政策产生的巨大冲击

随着我国的房地产宏观调控政策逐步深入实施和国家宏观调控"组合拳"的出台，中国房地产市场迅速降温，房地产业倍受打击，一些中小企业纷纷破产，房地产中介裁员，商品房成交量不断下降。

国家坚定持续的宏观调控政策使房地产业备受打击，房地产市场陷入低迷，房产企业资金链岌岌可危，房地产企业的发展陷入"严冬"，纷纷"以价跑量"，弃"利"保"命"，业内正面临着残酷的"洗牌"。在此情况下，房地产业的绿色营销既是机遇又是挑战。宏观调控并不意味着行业停止发展，房价回归也并不代表产业下滑，随着中国现代化和城镇化步伐的加快，对房

---

① 武永春. 我国绿色消费的障碍因素分析 [J]. 经济体制改革，2004（4）：160–162.

地产的刚性需求日趋增长，房地产市场发展潜力依然巨大。国家的宏观调控政策之最终目标是将房地产业发展拉回到理性的轨道上来。房地产企业不能因为一时的低迷而丧失信心、放任自流，而是要摈弃谋取暴利的幻想，认清形势、整合资源、战略合作、优势互补，积极配合国家的宏观调控政策，从提高自身产品质量入手，大力发展绿色建筑，实施绿色营销，走可持续的绿色发展之路。只有顺应当今社会发展的绿色潮流，谋取企业长期利益与可持续发展，才能立于不败之地；反之，则必将被发展创新的大潮所湮没。

3.2 房地产绿色营销微观障碍分析

3.2.1 房地产绿色营销企业障碍分析

1. 房地产企业绿色营销自身障碍分析

我国房地产企业绿色营销在自身营销理念、绿色建筑开发能力、绿色营销物质基础、营销创新能力等方面都存在一定障碍。

其一，绿色营销理念障碍。营销理念是实践中引导企业进行生产、销售等一系列活动的指导思想，直接决定着企业实施绿色营销活动的成败。我国房地产企业绿色营销实践活动虽然已经取得了一定的成果，已有越来越多的房地产企业树立了绿色营销的观念，但是从整体来看，仍有大部分房地产企业绿色意识不强，以自身利益为导向，片面追求利润而忽略了自身行为对环境与资源造成的破坏与影响，不利于房地产业的可持续发展①。

我国房地产绿色营销理念障碍主要表现在以下三个方面。一是部分房地产企业的目标只停留在刺激消费、提高消费数量的阶段。将绿色营销看作是促进消费的噱头和手段，将精力不是投入在如何设计与开发绿色建筑、促进建筑节能减排上，而是钻营如何利用企业实施绿色营销的宣传以吸引更多的消费者。这部分房地产企业并没有真正理解房地产绿色营销的内涵，没有看到企业实施绿色营销所带来的长期利益，缺乏长远的战略眼光而使绿色营销流于形式。二是大部分房地产企业在政府法律法规的强制性要求下被迫实施

① 武永春. 绿色营销促成机制研究 ［M］. 北京：经济管理出版社，2006：65 – 70.

和开展房地产绿色营销活动，他们主观上不愿参与绿色营销活动也不积极参加绿色标志的获取，没有认识到开发环保节能的绿色建筑所带来的长期经济效益，主观能动性的缺失使房地产绿色营销缺乏实践动力。三是大部分房地产企业对房地产绿色营销存在误区，认为实施绿色营销会导致企业成本增高和企业利润的下滑。而事实上，房地产绿色营销未必会增加企业成本，企业可以采用先进的生产技术，运用新型的建筑材料，采用简化的清洁生产过程等以降低生产成本。此外，在制定绿色价格时，可采用"环境有偿使用""污染者付费"等新观念，将企业环保成本作为价格构成的一部分①。

其二，房地产企业绿色营销能力障碍。表现为：一是资金匮乏，投资成本高。企业推行绿色营销，初期的技术投资、运行费用及员工的配型费用总额巨大，对短期行为严重的企业而言，高额的投资成本成为阻碍绿色营销进行的障碍。二是房地产企业绿色建筑开发技术落后。由于绿色技术开发周期长、费用高、风险大、市场需求不明显，使得技术开发很难提供适用的绿色技术，从而阻碍企业绿色管理的进行。三是企业绿色营销创新能力不足。营销创新能力是企业研究与开发能力、生产组织与管理能力、市场营销与推广能力等多方面竞争实力的综合反映。我国房地产企业绿色生产管理方式相对滞后，企业营销目标仍停留在刺激消费、追求消费数量增加的阶段，资源保护尚未成为其营销原则。我国绿色建筑的绿色含量有待提高，存在片面追求建筑外观、社区的绿化美化，较少考虑内部材料的环保性，在渠道和促销方面的方式较为陈旧，缺乏引导绿色消费、开辟绿色市场的新创意。

2. 房地产企业绿色营销"漂绿"行为分析

在企业绿色营销的实践过程中，出现了一些以"绿色""环保""可持续发展"名义进行企业营销和公众传播的企业，它们打着所谓环保的旗号，通过"绿色"营销行为，营造负责、友好或可持续的企业形象，从而在产品的环境效益或公司的绿色实践方面误导和欺骗消费者，这种行为被称为"漂绿"。目前，"漂绿"行为在我国发展愈演愈烈，已成为我国房地产绿色营销的重大障碍因素。

（1）"漂绿"的定义。

"漂绿"（greenwash）在英语中是仿照"whitewash"构造的合成词，是一种欺骗形式，形容欺骗性地应用绿色营销去促销和加深某一公司的产品或

---

① 杜峰. 企业绿色营销动力机制分析 [D]. 北京：北京工业大学，2005：44–47.

策略是环保的观念。"漂绿"一词是由纽约的环境学家杰·维斯特维尔德（Jay Westerveld）在 1986 年的一篇文章中创造出来的，这篇文章描述了旅馆在每个房间的毛巾架旁边放上"请循环使用"环保标牌以促进毛巾的循环利用的实践，并指出这是一种表面上的"环保"行为。维斯特维尔德注意到，在大多数情况下，这些机构几乎不会或很少为减少能源浪费做出努力，他认为从这些旅馆经营者的角度来看，这种"绿色运动"的实际目的是为了增加利润，因此，他将这种情况和所有在表面上关注环境，暗含着增加利润为目的的行为统称为"漂绿"，即当更多的钱和时间被花费在打广告宣传自身产品的绿色特性，而不是用在实际环保行为、节约资源上时，即可称之为"漂绿"。这种现象通常的表现形式为改变产品的名称或商标，来使人产生对自然环境或自然生态的联想。例如，在含有有害化学物质的瓶子上贴上印有森林形象的标志，会使人联想到大自然的生态和环保而忽略了瓶子本身化学物质的毒害性。

（2）"漂绿"的发展历程。

20 世纪 60 年代中期，环保运动得到迅猛发展，受欢迎的程度促使许多公司通过广告来创造新的绿色形象①。

20 世纪 70 年代，公众对环境兴趣渐浓，1970 年 4 月 22 日举行了世界上第一个地球日。这促使许多工业企业宣传自己的环保特征，公共实体花费 3 亿美元广告费来宣传自己是绿色公司，这比他们实际花费在减少污染研究上的费用高 8 倍。

20 世纪 80 年代，雪弗龙（Chevron），一家大型石油公司，发动了历史上最著名的"漂绿"运动，在这次运动实施两年后，调查显示加利福尼亚州的人们更倾向于信任雪弗龙能够保护环境（与其他石油公司相比），可见漂绿行为具有巨大的欺骗性。

20 世纪 90 年代，《公共政策与营销学报》（美国营销协会）发表的一项研究发现，58% 的环保广告中至少有一项欺骗性的声明。另一项研究发现 77% 的人认为公司的环境声誉会影响他们是否会购买其产品。1999 年，根据环保组织的建议，"漂绿"一词被收入牛津英语字典。

21 世纪，英国石油公司（BP Amoco），世界第二大石油公司也进入了

---

① Bliddle. D. Recycling for Profit：The New Green Bussiness Frontier［J］. Harvard Business Review，1993（11－12）：145－156.

"漂绿"领域，在重新为企业设计标识上花费 2 亿美元。使用口号"超越石油"并以新的绿色与黄色的旭日作为他们的新商标。大型的广告运动使 BP 公司以全新的、更加环保的形象出现在大众面前。2002 年，在约翰内斯堡（Johanneburg）世界可持续发展峰会上，漂绿学会主持了漂绿学会颁奖典礼，对那些严重实施漂绿行为的企业，如英国石油公司、埃克森美孚公司等进行"褒奖"，"感谢"他们对"漂绿"行为的支持。

截至目前，世界各国都制定了一系列的规章和法规对"漂绿"行为予以打击。如澳大利亚修订了贸易实践法案，增加了惩处那些利用环保宣传误导消费者的公司条款，任何公司经查犯了罪要面临 110 万美元的罚款，此外，这些公司还要承担如实澄清他们的产品或公司对环境的实际影响所导致的所有花费；加拿大的竞争机构连同其标准协会评判出那些对其产品的环境影响做出"模糊宣称"的企业进行批判；挪威的汽车制造商被禁止宣传他们汽车的环保特性，因为汽车"不会对环境有益"，国家消费者意见调查员发言人解释，如果制造商在广告中使用"环保""清洁""自然"等字样他们会面临罚款；美国联邦贸易委员会（FTC）为环境营销宣言提供了自愿规章，给予 FTC 权力去检举或告发虚假与有误导性的广告宣传；在欧美等国的 NGO、市民、媒体等都会对企业的"漂绿"行为进行告发或抵制，如本部位于美国的非政府组织 Corpwatch，自 1996 年成立以来一直开展着针对通过战争、不正当行为、环境破坏、人权侵犯等行为获取利益的企业进行检举的活动，每年都会进行"漂绿大奖"评选，并进行颁奖活动。

（3）我国的"漂绿"现状。

随着国内绿色意识的不断增强，国内企业越来越意识到绿色营销的重要性，他们以"绿色""环保""可持续发展"等各种名目进行营销与公众传播等漂绿行为，漂绿的手段多种多样、程度不尽相同，但目的都是通过"绿色"营销行为，营造负责、友好或可持续的公众形象，为自己贴上"环保"标签，欺骗与误导消费者。《南方周末》在连续两年推出"年度漂绿榜"后，又于 2011 年 2 月推出新一轮企业"漂绿榜"，榜单如表 3 - 1 所示。

近年来，我国房地产企业"漂绿"现象也层出不穷。虽然房地产开发商纷纷宣扬绿色、低碳发展，但事实上他们的行动却有很大的偏差，据统计，中国每年新开工的建筑面积是世界的 1/2，80% ~ 90% 没有达到国际节能标准，且单位建筑面积采暖是发达国家的 3 倍。有些房地产企业以次充好，以劣质建材冒充环保绿色产品以欺骗消费者，如日前被曝光的安信毒地板事件

表 3 - 1   **2011 年度企业漂绿榜**

排名	企业名称	上榜理由	"漂绿"手段	备选名单
1	哈药集团	"污染门""道歉秀"	公然欺骗	沃尔玛"绿色猪肉"
2	江森自控	"血铅门"	故意隐瞒	中国交通建设股份
3	阿迪达斯；耐克	有害物质 NP 与 NPE	双重标准	强生婴儿用品致癌物
4	康菲中国	赔偿基金成空头基金	空头支票	暂无
5	苹果	污染处置不力	前紧后松	乐购：果蔬农药残留
6	中石化	阻碍国 III 柴油面市	政策干扰	暂无
7	双汇	"瘦肉精"	本末倒置	蒙牛：致癌物超标
8	深圳发展银行	"环境记录"不佳	声东击西	Zara：质量、安全问题
9	归真堂	活熊取胆"无痛"	模糊视线	味千：汤底问题
10	晶科能源	光伏产品污染群体事件	适得其反	飞利浦："节能"

资料来源：《南方周末》，2011。

等；还有房地产商宣传虚假节能技术，发布含有夸大甚至曲解楼盘实际效果的广告，如"方圆 13 平方公里，约西湖面积的 2 倍，是东南沿海最大的城市绿肺""178 平方米户型的短板式 9 米进深结构，5 朝南的稀缺格局""13 平方公里国家级三垟湿地公园""一所 7000 平方米斥资近亿的顶级生活会馆"等以欺骗消费者为目的的虚假广告层出不穷。这些漂绿行为的出现极大地影响了消费者对绿色房地产产品的信任程度，在经济上和精神上对他们造成了巨大的伤害，打击了真正实施绿色营销房地产企业继续前进的决心和动力，严重扰乱了房地产市场的健康、绿色发展，是房地产绿色营销实施的重要障碍之一，要加强政府的监管、杜绝漂绿现象的出现[①]。

3. 房地产企业"绿色营销近视症"

在企业绿色营销实践中，"绿色营销近视症"是企业非常容易陷入的陷阱，如不能避免则会导致绿色营销的失败。如在 1994 年，菲利普公司发明了一种名为"Earthlight"的超级节能荧光灯泡（CFL），用来作为对传统浪费能源的白炽灯的替代品。但这种 CFL 灯泡外形笨拙，与传统的灯泡从外观和性能上无法相比，因此销售惨淡。在研究了客户的反应后，菲利普在 2000 年以"Marathon"名称重新引入此种产品，在营销时重点强调了这种灯泡长达 5 年的使用寿命，且新的设计提供了与传统白炽灯泡相同的外观和用途，且承诺

---

① 郑友德，李薇薇. "漂绿营销"的法律规制 [J]. 法学，2012（1）：115 - 125.

在这种新型节能灯泡的生命周期内将会比传统的白炽灯泡多节省 20 多美元的能量，这种新型灯泡还获得了美国环保机构（EPA）的能源之星标志认证。由于菲利普公司对 CFL 灯泡的特征重新定位，如便利性、经济性等特色引起了消费者价值的共鸣，最终此种产品获得了巨大的成功，产生了 12% 的年增长率。菲利普的经验为我们如何避免"绿色营销近视症"提供了宝贵的经验，菲利普公司最初推出的"Earthlight"灯泡只强调了其环保功效，然而这只能吸引经济实力雄厚、非常注重环保的小部分消费者，绝大部分消费者对于是否使用该产品存在疑问。在实践中，除非绿色产品能够提供相应的利益，如产品性能的提升或经济利润的节省，否则绿色诉求不能吸引到主流的消费者。

杰奎琳·奥特曼（Jacquelyn Ottaman）教授认为[①]，绿色营销必须要满足两个目标：一是提高环境质量；二是满足顾客需求。错误地判断任何一个，或以牺牲后者的代价夸大前者功效的做法，都被称为"绿色营销近视症"。1960 年，哈佛大学教授西奥多·莱维特（Theodore Levitt）介绍了"营销近视"的定义，在非常有影响力的杂志《哈佛商业评论》中，他描绘了企业井底之蛙狭隘视角的常见陷阱，即只注重"管理产品"（即产品的特征、功能、生产效率），而不是"满足消费者的需求"（或使消费者的期望成为未来的需求）。莱维特警告说，企业将全部精力放在产品而不是顾客需求上，结局必然导致失败，因为消费者只会选择那些能满足他们需要的新产品。研究表明，许多绿色产品由于"绿色营销近视症"而导致失败，如表 3-2 所示，因为营销者的目光短浅，只注重产品的"绿色"，而忽视了消费者等市场参与者的真正期望与需求。

表 3-2　　　　　　　　企业绿色营销近视症失败案例

绿色产品	企业	环保特色	失败原因
"Earthlight" 灯泡	菲利普	节能	外形笨拙，性能不佳
"能源智能" 冰箱	惠而浦	无 CFC，节能 30%，获"金胡萝卜"奖	100~150 美元的溢价没有得到消费者认可
EV-I 与 Think Mobility	GM 通用机械与福特公司	电力驱动，零排放	需频繁充电，充电地点不便，消费者不愿更改习惯
Hefty 塑料垃圾袋	美孚	可光降解，对环境无害	消费者对其可行性有怀疑

资料来源：西奥多·莱维特. 绿色营销近视症 [J]. 哈佛商业评论，1960 (38)：24-47.

---

① Jacquelyn A. Ottaman, Dan Sturges. Think Again about Think Mobility: Questions for the Long Haul [J]. In Business, 2002 (4): 8-15.

　　由此可见，当绿色产品所能提供的环境益处不能满足消费者的需要，或所能提供或承诺的环境益处并不真实可信时，都会导致绿色产品的失败。美国罗普公司（Roper ASW）2002 年"绿色标准报告"（Green Gauge Report）调查发现，消费者不购买绿色产品的最主要原因是他们认为购买绿色产品需要做出牺牲，如产品的便利性、高额的溢价、产品的性能等[①]。然而事实上，绿色产品是完全具备便捷、较低花费和良好性能的，只是在通常情况下，企业未宣传其绿色效益，因此消费者并没有意识到绿色产品的良好性能。例如，溢价的 Marathon 灯泡受青睐的原因就可以归功于它能节省能源，具有便利性、经济性的特性。当消费者被绿色产品中包含的他们想得到的"非绿色"利益所说服，他们会更倾向于购买绿色产品[②]。目前，也有一些企业通过避免"绿色营销近视症"使绿色产品获得了成功，如表 3 - 3 所示。

表 3 - 3　　　　　　　　　　　　　企业绿色营销成功案例

绿色产品	企业	环保特色	成功原因
Marathon 灯泡	菲利普	节能，使用寿命长	提供与传统产品相同的外观与用途，多节省 20 美元，获得能源之星（EPA）认证
汰渍冷水洗涤剂	P & G	冷水洗涤取代热水，节省能源	一年节省 63 美元，清洗效果良好
普瑞斯车	丰田公司	电气混合动力，节能	性能佳，提供驾驶乐趣，便利性，有自由泊车权，名人效应，具有潮流吸引力
有机食品	各大食品企业	健康，环保	对人身心有益

　　资料来源：杰奎琳·奥特曼. 避免绿色营销近视症［J］. 环境，2006.

　　由此可见，消费者并不是对绿色产品所提供的环保益处漠不关心，而消费者购买绿色产品的原因，也绝不仅仅是出于保护环境的目的[③]。有机食品、节能电器市场的增长是因为消费者想要获得的是健康、安全和经济性。绿色营销近视是指狭隘地关注产品的环保功能，使公司不能关注和思考更广大的

---

　　①　Rhett H. Walker, Dallas J. Hanson. Green Marketing and Green Places: A Taxonomy for the Destination Marketer［J］. Journal of Marketing Management, 1998（14）: 623 - 629.
　　②　Barry. T. Are Buyers Going Green［J］. Purchasing and Supply Management, 1990（5）: 27 - 29.
　　③　Art Dleiner. What Does It Mean to Be Green?［J］. Harvard Business Review, 2001（6 - 8）: 24 - 26.

消费者与社会的真实需求。专注于产品的环保价值通常会导致劣质的绿色产品（如最初的 Earthlight 灯泡，GM 的 EV-I 电车等）不能满足消费者的需要。通过对营销战略的分析，杰奎琳·奥特曼教授提出了避免绿色营销近视的 3C 战略，包括顾客价值定位（consumer value positioning），顾客知识调整（calibration of consumer knowledge）和产品宣传的信度（credibility of product claims）①。

目前，人们对建筑行业的环保要求日益强烈，不仅要求办公建筑的"高性能表现"（如节省能源、节约资源、节约成本），而且要求居民住宅的"健康"（通风良好、建筑材料含低的或无发挥性有机化合物（VOC））。美国绿色建筑委员会的 LEED 标准提供了严格的评价体系，绿色建筑迅速成为环保建筑的标准。消费者也正在意识到绿色住宅具有长期节省开销、提高自然光线利用率，具有便捷的太阳能加热系统和舒适的热量反射窗户等优点，在 2006 年由住宅改善零售商洛维（Lowe）的基金赞助的一项研究发现，被调查的建筑商中有 90% 在建造房屋过程中采取了节能措施②，此外，为了满足消费者日益增长的绿色需求，绿色建筑材料激增。总之，绿色建筑已成为时代发展的主流。因此，房地产企业更要注意避免绿色营销近视症，要始终坚持以顾客的满意为目标和导向。依据 3C 战略，首先要进行顾客价值定位，致力于设计出比传统住宅性能更佳、更环保的生态绿色建筑；促进和传递环保绿色住宅的顾客期望价值，如对关注身心健康的顾客重点营销绿色建筑的健康特征，对价格敏感的顾客重点营销绿色建筑的节能省钱特征；通过将顾客的期望价值融入绿色产品即绿色建筑中以扩大对主流消费者的吸引力。其次要进行顾客知识的调整，运用环保产品即绿色建筑的属性与顾客期望价值相关联的营销信息教育消费者，如"节省能源就是节省金钱""不含甲醛的板材很健康""太阳能非常便捷"等；建立关于绿色建筑的顾客期望价值的教育互联网络等。最后要保证对所宣传绿色建筑的可信度，从可信的第三方获得产品的担保或生态认证，如在我国绿色建筑应争取获得我国绿色建筑认证体系的星级认证，且教育消费者对这些认证意义的理解。

---

① Ottaman. Avoiding Green Marketing Myopia ［J］. Stafford and C. L. Hartman, 2006 （5）：22 - 36.

② Charles Lockwood. Building the Green Way ［J］. Harvard Business Review, 2006 （6）：23 - 31.

3.2.2 房地产绿色营销消费者障碍分析

1. 消费者绿色意识障碍

消费与自然环境是辩证统一的关系。一方面，人类的生存与发展需要消费，需要向自然环境索取资源与排放废弃物，而人类消费活动的方式与程度都极大地影响了环境的生态平衡；另一方面，自然环境也影响消费者的消费质量与安全，自然资源与生态环境的优劣直接影响着人类的生存与发展。绿色消费与以往的消费方式不同，它将人类消费活动与自然环境的发展相融合，摒弃了传统消费方式浪费资源、破坏生态环境的缺点，是一种新型的与自然资源和谐相处的消费方式，反映了现代社会人们新型的价值观与人生观，是可持续发展在消费领域的具体表现①。

随着社会经济与文明的进步以及生活水平的提高，人们对绿色、健康、生态的渴求日益强烈，绿色意识不断增长，绿色行为不断涌现，人们的绿色消费意识已获得巨大的发展。然而要在全社会范围内实现与自然资源相和谐的绿色消费还相距甚远。目前我国消费者的绿色消费意识尚不够强烈，这主要由以下三个原因导致。一是我国尚属于发展中国家，虽然近年来取得了丰硕的经济建设成果，但总体经济水平仍落后于发达国家，尤其是居民人均收入水平远低于发达国家，由于我国人口众多，农村落后地区人口密集，导致经济状况等相对落后，部分地区仍以实现"温饱"为生活主要目标，因此很难考虑到对环境生态的影响而实施绿色消费，经济程度的低下也使他们没有能力消费目前价格相对高昂的"绿色"产品。二是居民文化程度相对较低，实施绿色消费要求消费者要站在生态、社会、经济三效合一的高度立场上，以可持续发展价值观为指导进行消费活动，这需要消费者具有足够丰富的知识储备、战略眼光和天下一家的胸怀，而目前我国尚有大部分尤其是农村与偏远山区一带的居民文化程度较低，无法认识和理解绿色消费的内容与意义，自然无法实现绿色消费活动。三是部分消费者消费意识存在偏差，如缺乏资源节约意识，过度使用和浪费自然资源；又如过度使用天然资源包装的产品、滥占耕地修建豪华别墅等，这些消费都加剧了资源的消耗；又如盲目攀比、

---

① 柳彦君. 浅析我国绿色消费存在的问题及发展绿色消费的对策 [J]. 商业研究, 2005 (2): 161 – 163.

挥霍浪费，如在网上频现的"晒富"等现象，造成资源的浪费与闲置等。总之，消费者绿色意识的建立是一个长期的过程，与经济、文化、教育、法律等事业的发展密不可分。需要政府的科学引导与社会各部门的协调配合以及广大人民群众的自身努力，才能树立科学的绿色消费价值观与社会责任感，从事指导消费者绿色消费实践活动。

2. 消费者的绿色市场需求障碍

消费经济理论认为，在其他条件不变的情况下，消费是收入的函数，消费水平、消费方式取决于人们收入水平的高低；同时，消费受预期的影响，如果在现期收入高、预期收入稳定增长，未来开支较小，风险系数不大的条件下，消费者会选择高档次、高水平的消费，如绿色消费①。目前，我国社会正处于快速发展结构转型的历史时期，社会贫富不均、收入差距较大、居民收入水平相对不高、经济能力有限、预期收入并不稳定，此外，房屋价格的一路攀升也给人们带来了沉重的预期支出压力，未来风险逐步增大，这样导致在消费者为了达到最小化成本或支出而购买价格相对低廉的房地产产品，而绿色房地产产品由于其在设计、施工、售后服务等一系列过程中将环境成本纳入建设成本之中，必然存在比传统房地产产品价格相对高昂的"溢价"，因此，大部分消费者既不会主动也没有经济能力来选择房地产绿色产品。目前绿色房地产产品的市场需求只是小众市场，并没有被大众市场所完全认可和接受。

3. 消费者绿色消费能力障碍

我国消费者在实施绿色消费能力方面还有所欠缺，主要体现在以下两个方面。其一是绿色消费的经济能力不足。如前所述，我国虽然在改革开放后经济社会发展取得了巨大的飞跃，但由于底子薄、人口多等诸多历史遗留原因，导致人均收入与生活水平都在国际平均水平之下，尤其近年来房地产市场的风生水起、囤房、炒房、房价虚高等现象频出，使商品房的价格远远超出了中低收入人群所能承受的范围，许多家庭几代人的积蓄连购房首付都凑不足，更没有经济能力去购买价格相对高昂的"绿色"房地产产品了。其二是对绿色消费的认识能力不足②。许多消费者对于什么是"绿色"房地产产

---

① 余洪. 我国建筑业发展的多元驱动机制构建研究［J］. 建筑经济，2009（9）：9－11.
② 李文英，王国红，武春友. 我国发展绿色消费的障碍及对策研究［J］. 辽宁师范大学学报，2004（1）：31－34.

品了解甚微，缺乏对绿色房地产产品、绿色建材、绿色施工工艺、绿色物业等一系列概念的认识和理解，对房地产绿色产品的分辨和判断能力不强。而我国目前对房地产绿色产品虽然有了明确的评价标识，但对于建材、工艺等一些领域还没有统一的、权威的认证，这使广大消费者很难对房地产商宣传的绿色房地产的真实性作出准确的判断，再加上有些房地产商向消费者刻意隐瞒实际情况和相关的负面信息，肆意吹嘘，进行虚假绿色营销，造成买卖双方信息的高度不对称，更加导致消费者对绿色房地产的真伪无从判断，对房地产绿色营销的行为产生怀疑，这进一步加剧了实施房地产绿色营销的困难。

3.3　房地产绿色营销经济学分析

3.3.1　房地产绿色营销外部性分析

1. 外部性理论的发展

外部性（externality）又称为外部效应或外在性，这一概念直接来源于 20 世纪 20 年代由庇古创立的旧福利经济学。有关外部性的定义很多，而经济学的文献至今仍没有给出一个令人完全满意的结论，正如西托夫斯基在《外在经济的两个概念》一文中这样开头，"外在经济概念是经济学文献中最难捉摸的概念之一"。经济学家曼昆认为，当一个人从事一种影响旁观者福利，而对这种影响既不付报酬又得不到报酬的活动时，就产生了外部性，如果对旁观者的影响是不利的，就称为负外部性；如果这种影响是有利的，就称为正外部性[1]。

许多经济学家都对外部性理论作出了卓越贡献，其中最值得一提的是马歇尔、庇古和科斯三人[2]。马歇尔是新古典主义经济学之集大成者，他对资源与环境经济思想的主要贡献在于其最早提出了"外部经济"与"内部经济"等理论。庇古作为马歇尔的弟子，因其著作的《福利经济学》一书而被称为福利经济学之父。其贡献主要在于使外部性理论日趋成熟，而他所提倡

---

① 曼昆. 经济学基础（第五版）[M]. 北京：北京大学出版社，2010：232 - 240.
② 段伟杰. 外部性理论探讨 [J]. 经济师，2011（12）：23 - 24.

的消除外部性的措施，被称为"庇古税"而影响广泛，他以"边际私人净产值"和"边际社会净产值"为研究工具分析了外部性问题，提出通过征税和补贴能减少边际私人净产值与边际社会净产值之间的差距，其结果将使社会福利增加。他主张用社会税收对造成负外部性者征税，以补贴受外部性损害者的利益，或通过补贴对产生正外部性者予以合适的激励。科斯于 1937 年和 1960 年分别发表了《企业的性质》与《社会成本问题》，被授予 1991 年度诺贝尔经济学奖。他的两大理论贡献，一是提出了交易费用的概念，二是发现了科斯定理。与庇古运用政府税收方式相反，他主张当事人通过自愿的市场交易方式得以重新明确产权安排来解决，这种外部性内部化在实际中主要以联合和买卖损害权两种方式进行，可以消除扭曲资源配置的可能，使环境外部性在产权明晰的基础上进入市场交换，如排污权交易。此后，许多学者也进行了不懈的努力，如1970 年，齐普曼在《经济学季刊》上发表了《规模的外在经济与竞争均衡》一文，再次继承了这一思想，1986 年，芝加哥大学罗默在《政治经济学》杂志上发表了《收益递增与长期增长》一文，首次系统地建立了一个具有外部性效应的竞争性动态均衡模型[①]。总之，在上述经济学家及其追随者的努力下，外部性理论研究已成为现代经济学研究的一个新热点。

2. 我国房地产市场的外部性分析

房地产绿色营销具有正的外部性。以房地产绿色营销中狭义的绿色产品即绿色住宅为例，其不仅可以使绿色住宅的消费者获得设计科学、质优环保的居住场所，而且还可以降低消费者的使用成本、提高居住质量、获得健康生活等一系列私人利益。在这些私人利益之外，绿色住宅产品还对外界环境产生了正外部性的影响。如绿色住宅能在房地产绿色产品设计、建造和拆毁等的全寿命周期内降低能耗、提高生产效率，有助于我国经济的发展；能在生产和运行的过程中减少污染物的排放、减轻大气污染，保护生态环境；能加速淘汰落后工艺，促进新技术的扩散和开发；绿色住宅的出现能起到社会先导作用，使其他房地产企业纷纷效仿，投入绿色房地产开发大潮中，它的溢出效应有利于整个房地产行业的进步和社会的可持续发展。对绿色住宅的供需均衡与社会最适分析如图 3－1 所示。

当存在正外部性时，绿色住宅产品的社会价值大于私人价值，因此，最适数量 $Q_{最适}$ 大于市场均衡数量 $Q_{市场}$。社会价值曲线在需求曲线之上，在社会

---

① 杨凤敏. 发展扩散与区域经济协调发展 [D]. 长春：东北师范大学，2008：14－16.

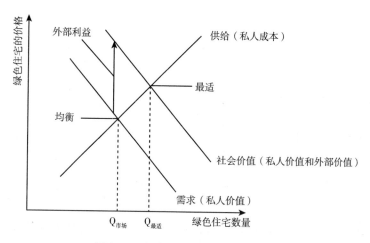

图 3 – 1　绿色住宅产品与社会最适

资料来源：根据外部性理论和供需均衡理论绘制。

价值曲线和供给曲线相交之处得出了最适量。因此，社会最适量大于私人市场决定的数量。

　　传统住宅产品存在如在建设过程中消耗大量的资源与能源、严重污染环境、施工工艺落后、房屋户型质量不高、使用有害物质材料、不利于人们身体健康等负外部性影响，会造成市场的无效率，如图 3 – 2 所示。

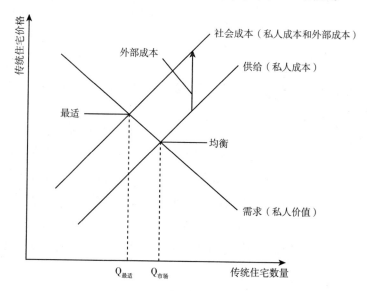

图 3 – 2　传统住宅产品与社会最适

资料来源：根据外部性理论和供需均衡理论绘制。

生产传统住宅产品对于社会的成本大于生产传统住宅产品房地产商的成本。每生产一套传统住宅产品，社会成本包括生产传统住宅房地产商的私人成本加上受到不利影响的旁观者（如周围环境、居民、消费者等）的成本。在存在负外部性的情况下，传统住宅产品的社会成本大于私人成本，因此，数量 $Q_{最适}$ 小于均衡数量 $Q_{市场}$。出现这种无效率是因为市场均衡只反映了生产的私人成本。若将生产传统住宅产品的数量和消费降至均衡水平之下，就会增加社会的总经济福利。

房地产绿色营销是一种外部经济，体现在除了为房地产绿色营销企业创造经济效益外，还能促使其他企业搭上"绿色"的便车而充分享受绿色消费市场，促进社会资源能源的节约和可持续发展，此外还为购买绿色产品的消费者带来了除物质享受外的精神安慰，如满足感、安全感、荣誉感等[1]。总之，正外部性使市场生产数量小于社会合适数量。负外部性使市场生产的数量大于社会合适的数量，这都不是社会和经济发展的帕累托最优。而解决之道就是将外部性内部化。

3. 我国房地产绿色营销外部性问题的解决之道

当出现外部性时，单独依靠市场是不能解决市场的无效率，即所谓市场失灵的。当存在负外部性时，企业的产量会远远大于帕累托最优的产量；而在正外部性条件下，企业的产量又远远小于帕累托最优的产量。因此，我国房地产绿色营销外部性问题的解决思路是让外部性内部化（internalize the externalities），即通过制度安排使经济主体的经济活动所产生的社会收益或社会成本，转为私人收益或私人成本，使技术上的外部性转为金钱上的外部性，在某种程度上强制实现原来并不存在的货币转让[2]。

从政府方面，可以通过对存在正外部性的活动提供补贴；对存在负外部性影响的活动进行征税的办法来使外部性内部化。这种勇于纠正正、负外部性影响的税收被称为矫正税（corrective tax）或庇古税（Pigovian tax）（为纪念第一位提出这种税收的经济学家 Authur Pigou）。如图 3-1 绿色住宅产品与社会最适图形中，在存在正外部性的情况下，为了使 $Q_{市场}$ 向社会最适 $Q_{最适}$ 移动，需要对正外部性进行补贴。政府可以对所生产的每个绿色住宅向企业支

① 魏明侠，曾勇，司林胜. 绿色营销的外部性分析 [J]. 经济师，2002（2）：49-50.

② 文启湘，胡芳肖. 绿色营销的正外部性市场失灵及治理 [J]. 中国流通经济，2003（7）：39-42.

付补贴，使供求曲线向下移动，移动量即为补贴量，而这种补贴应等于技术溢出效应的价值。事实上，我国政府对绿色住宅的发展也采取了类似的措施。这些措施都会消减外部性，激励绿色营销的发展。而对于传统住宅来讲，如图 3-2，在负外部性的情况下，$Q_{最适}$小于$Q_{市场}$，为了使$Q_{市场}$向$Q_{最适}$移动，政府可以对"三高"房地产企业销售的每套传统住宅征税，税收会使传统住宅的供给曲线向上移动，移动量为税收规模。如果税收准确地反映了各种污染的外部成本，则新的供给曲线与社会曲线重合，达到新的市场均衡状态。此外，政府应对"三高"型房地产企业进行监管，对其各项污染或不符合环保标准的内容征税，这样会促使房地产企业绿色转型，推动房地产企业绿色营销的发展。为了保护全球生态环境，征收"二氧化碳税"简称"碳税"的方案大受欢迎，还有排污权的交易办法等，都可以作为借鉴应用到促进房地产绿色营销中①。

4. 我国房地产绿色营销外部性囚徒困境分析

房地产绿色营销具有正外部性，而企业"经济人"的特征决定了其不会主动支付绿色成本，因此，在企业选择是否实施绿色营销时，出现了"囚徒困境"现象。

所谓囚徒困境是普林斯顿大学数学系主任阿尔伯特·塔克（Albert Tucker）讲解博弈论时运用的一个经典例子。即两个罪犯在偷盗处附近被警察逮捕并单独关押，他们在选择是否承认罪行并指正同伙时陷入了困境，结果两人理性的选择并没有实现最优，反而造成了双方受益的拙劣，即个人的理性行为导致了较劣的结果，而这种情形在生活中广泛存在。

在房地产绿色营销中，我们可以通过支付矩阵对房地产企业是否实施绿色营销展开博弈分析。假设整个房地产企业只有 A、B 两个企业，他们都是理性的"经济人"，追求的都是利润的最大化；房地产市场的信息是完全且充分的；房地产绿色营销目前在我国属于初步发展阶段，人们的绿色意识和需求尚不够强烈，绿色消费能力有限，房地产绿色营销的实施需要房地产企业支付额外的绿色成本，会降低自身的利润空间。在不考虑政府政策影响的情况下，企业 A、B 的支付矩阵如表 3-4 所示。

---

①　魏明侠. 绿色营销的机理与绩效评价研究［D］. 武汉：武汉理工大学，2002：12-14.

表 3 – 4　　　　　　　　　　房地产企业实施绿色营销博弈矩阵

企业 A	企业 B	
	实施	不实施
实施	– 200，– 200	– 400，0
不实施	0，– 400	0，0

资料来源：根据博弈论囚徒困境博弈绘制。

即若房地产企业 A 与 B 均不实施绿色营销，则收益为 0；若企业 A 实施，B 不实施，则 A 的支付效用为 – 400；若企业 A 不实施，B 实施，则 A 的支持效用为 0。因此，对于企业 A 来说，最优的战略是不实施绿色营销，同理对于企业 B 来说，最优战略也是不实施。由此可见，在现实社会中，作为理性"经济人"的房地产企业不能认识到实施房地产绿色营销对于环境、社会等带来的益处，也看不到绿色营销会提升企业的品牌价值等长期效益。以经济利益最大化为目标的房地产企业在无政府法律监督的情况下是不会主动支出绿色成本，实施绿色营销的，也不会主动为可持续发展而努力，除非自己的经济利益受到了威胁①，则情况会有所不同。

现假设政府对实施绿色营销的房地产企业进行补贴和减免税收（ + 100），而对不实施绿色营销的企业进行处罚和上税（ – 200），则企业 A、B 的支付矩阵如表 3 – 5 所示。

表 3 – 5　　　　　　政府参与下房地产企业实施绿色营销博弈矩阵Ⅰ

企业 A	企业 B	
	实施	不实施
实施	– 100，– 100	– 300，– 200
不实施	– 200，– 300	– 200，– 200

资料来源：根据博弈论理论绘制。

在政府的奖惩措施下，若企业 A 与 B 均不实施绿色营销，则受益为 – 200；若企业 A 实施，B 不实施，则 A 的支付效用为 – 300，B 为 – 200；若企业 A 不实施，而 B 实施，则 A 为 – 200，B 为 – 300。可见，在政府奖励补贴、税收优惠力度较小，且惩罚性罚金和税收较轻的情况下，实施绿色营销的收益

---

① 韦明，于晶莉. 绿色营销博弈困境与出路 [J]. 华东经济管理，2006 (1)：138 – 141.

不如不实施的丰厚，企业还是会继续选择不实施策略以保持自身经济利益的
最大化。因此，要想使企业实施绿色营销，需对实施绿色营销企业加大奖励
与税收优惠的幅度，对不实施的企业增加处罚与税收力度。假设政府对实施
绿色营销的房地产企业给予补贴与税收优惠（+200），对不实施绿色营销的
企业实施严厉处罚与税收（-500），则企业 A、B 实施绿色营销的收益矩阵
如表 3-6 所示。

表 3-6　　　　　　政府参与下房地产企业实施绿色营销博弈矩阵 Ⅱ

企业 A	企业 B	
	实施	不实施
实施	0，0	-200，-500
不实施	-500，-200	-500，-500

资料来源：根据博弈论理论绘制。

　　当政府对实施绿色营销的企业给予较多的补贴与税收优惠，且对不实施
绿色营销的企业实行重税和罚款时，房地产企业 A、B 都会选择对自己最为
有利的策略，即双方均实施绿色营销。

　　由此可见，在市场经济中，作为理性"经济人"的房地产企业不会主
动牺牲自身利益去维护国家与社会可持续发展的需要，只有当触及他们自
身利益时，为维护利益才会开展绿色营销活动。因此，政府须采用强制性
的行政与税收手段对房地产企业进行约束，迫使他们加入绿色营销的阵营
中。目前一种行之有效的措施是：政府将环境保护税收收入或对污染企
业罚款收入转化为设立绿色开发基金、绿色技改基金，加强环保宣传和
对开发绿色产品的企业加以补贴等措施所需费用的来源，支持与鼓励房
地产企业积极开展绿色营销活动，使企业绿色营销从"囚徒困境"走向
"合作博弈"①。

3.3.2　*房地产绿色营销逆向选择问题分析*

　　逆向选择是指在信息不对称的前提下，交易中的一方故意隐瞒某种真

---

①　李君. 绿色营销的博弈困境与对策分析 [J]. 江苏商论，2009（5）：93-94.

实信息，使买方最后的选择并非最有利于自己，此时买方的这种选择被称
为逆向选择。美国经济学家乔治·阿克劳夫（George Akerlof）在 1970 年发
表了名为《柠檬市场：质量不确定性和市场机制》的论文，被公认为是信
息经济学中最重要的开创性文献。在美国俚语中，"柠檬"俗称"次品"，
这篇研究次品市场的论文因为浅显先后被三四家杂志退稿，然而，他在这
篇论文中提出的逆向选择理论揭示了看似简单实际上又非常深刻的经济学
道理①。

在旧车市场上，买卖双方对自行车质量信息的掌握是不对称的，卖者知
道所售自行车的真实质量，而潜在的买者想要确切了解待售车辆的真实质量
是非常困难的，最多只能通过外观介绍及简单的现场测试等来获取有关车辆
的质量信息。然而从这些表面信息中很难判断出自行车的质量，因为真实质
量只有通过长时间的使用才能被了解，而这在旧车市场是不可能实现的。因
此，在旧车市场上的买者在购买前并不了解车辆的真实质量，只知道旧车市
场上车辆的平均质量，典型的购买者只愿意根据平均质量支付相应价格。这
样导致质量高于平均水平的车辆卖者会将车撤出旧车市场，市场上只剩下质
量低于平均水平的车辆。结果是旧车市场上车辆的平均质量降低，买者愿意
支付的价格进一步下降，越来越多质量较好的车退出市场，市场上充斥着质
量低劣的产品。这违背了市场竞争优胜劣汰的法则，因此，逆向选择对经济
发展不利，会导致拥有高质量商品的卖者和对高质量商品需求的买者无法交
易，降低双方的效用，以致生产高质量产品的企业利益受损而生产低质量产
品的企业获得生存与发展的机会。

目前，我国房地产市场也存在类似逆向选择的现象。由于我国房地产绿
色监管体系并不健全，绿色建筑的认证制度还存在一定缺陷，如只对绿色建
筑有明确的评价指标与体系，而对于绿色材料、施工工艺等其他方面都没有
清晰的界定与认证。这导致一些开发商利用法律漏洞，打着"绿色环保"的
旗号对消费者进行迷惑与欺骗，如仅采用一项或几项先进技术或环保材料就
宣称自己是绿色建筑，制作虚假广告混淆视听，"漂绿"公司形象等，为自
己疯狂牟利。这样做的结果导致虚假绿色营销的企业搭上了真正实施绿色营
销企业的便车，谋取了巨额利润，使消费者蒙受巨大经济损失，对绿色产品
产生怀疑和动摇，从而放弃或减少购买，导致绿色建筑市场萎缩，真正实施

---

① 刘兆发. 信息不对称与市场规制 [J]. 当代经济研究，2002（8）：21 – 24.

绿色营销的房地产商会被迫放弃发展绿色住宅，有益于人们身心健康与社会可持续发展的绿色建筑将退出房地产市场，而浪费能源的"三高"房地产企业将会继续占领房地产市场。这种情况既不利于房地产业的科学发展，也不利于全社会的可持续发展。

信息不对称是造成逆向选择的重要因素，是一个相对的概念，即买卖双方中必然有一方对信息掌握得更多，信息充分的一方会给另一方的选择带来风险。在商品市场上，买者与卖者了解的信息不同，卖者要比买者更清楚产品的实际质量、性能与相应的成本。在房地产市场中，由于房地产商是充分信息的占有者，而广大消费者对楼盘的建筑质量、建筑材料等信息无法获取，只是了解开发商自己公布和鼓吹的信息，再加上消费者对于绿色建筑这一新型建筑形式知之甚少，因此无法对其是否是绿色住宅及其真正质量和效用进行有效判断。这导致许多开发商利用各种噱头误导和欺骗消费者，实施虚假绿色营销行为，不仅严重损害了消费者利益，从长远看更不利于房地产业的进步发展。因此，政府应一方面加强和完善绿色建筑评定标准的制定和细节的修订，对实施房地产绿色营销的企业给予经济激励与税收减免；另一方面，加大对虚假绿色营销行为和"漂绿"企业的惩处力度，在全社会范围内加强对绿色意识的教育和道德伦理的培养。

3.4　本章小结

目前，我国房地产绿色营销实践中还存在着许多障碍因素。从宏观上看，房地产绿色营销的环境恶化，如污染严重、生态危机、人口压力等；政府对房地产绿色营销的策略尚不完善，存在对环保资金投入力度不足、技术落后、环保产业与市场不发达等现象，在对绿色营销策略的实践中存在监管缺失、执法不严、激励政策不足等现象，而我国现行的房地产宏观调控政策也给房地产业带来了严峻的挑战，为房地产绿色营销的实现提出了现实的考验。从微观上看，房地产企业在实施绿色营销过程中自身也存在一些障碍，如自身营销理念落后、绿色建筑开发能力不足、实施绿色营销物质基础薄弱、营销创新能力有待提高等，此外，房地产企业的"漂绿"行为和"绿色营销近视症"也给房地产绿色营销带来了困难；房地产消费者中存在对绿色产品意识不强、绿色产品市场需求不足和绿色消费能力不够等障碍因素。房地产绿色营销的外部性特征以及出现的逆向选择现象也极大影响了房地产绿色营销市场的秩序与公平。目前我国房地产绿色营销理论与实践还不完善,存在许多阻碍其发展的因素,因此,须探寻这些障碍因素的解决对策,即对现行背景下我国房地产绿色营销发展完善的策略问题进行研究。

第4章　房地产绿色营销影响因素研究

4.1　房地产绿色营销影响因素理论研究

4.1.1　房地产绿色营销影响因素理论分析

关于绿色营销的影响因素问题，国内有很多学者作了研究和探讨，他们提出了一些不同的看法。如武永春认为企业绿色营销的作用机制归因于政府、企业和消费者的三方博弈，何志毅等提出了绿色营销的四力模型，一些学者认为绿色营销的主导力量是政府，还有学者提出绿色营销的动力来自消费者需求、国际环境、各级政府、环保组织、竞争者和媒体[①]。通过认真学习归纳和总结这些研究成果，从理论和现实两个方面提出了我国房地产绿色营销的影响因素。

1. 理论影响因素

（1）中国古代朴素的生态经济观，强调了人与自然的和谐发展，为房地产企业绿色营销活动提供了源头和依据。

（2）马克思与恩格斯的生态经济系统思想，创立了马克思主义的人与自然相互关系的学说，为绿色营销奠定了理论基础。

（3）现代经济学，如生态经济学、环境经济学、西方经济学等，为绿色营销的产生和发展创新提供了理论基础和科学依据。

[①]　徐建中，王莉静. 基于博弈论的房地产企业实施绿色管理动力分析 [J]. 华东经济管理，2009（3）：55－59.

（4）发展低碳经济，建设两型社会是我国发展的现实要求，可持续发展理论是我国发展的基本战略，这为绿色营销活动提供了政策依据和理论支持。

2. 现实影响因素

现实影响因素可分为两种，一是促进房地产绿色营销发展的因素，称为积极影响因素；二是阻碍房地产绿色营销发展的因素，称为消极影响因素。

积极影响因素包括以下六种。

（1）房地产企业内部自身的因素。由于企业是以营利为目的的经济行为主体，利润是驱动企业进行绿色营销的根本动力。采取绿色营销能够顺应国际绿色大潮，打开绿色消费市场，为企业赢得宝贵的机会和丰厚的利润，使企业在竞争中占优，抢占更多的市场份额，树立良好的企业形象，获取更多的利润，增强有形和无形的资产，为企业的可持续发展提供保障。

企业家是企业创新的组织者和主体。企业家的创新偏好可以引发并促成绿色营销的开展。企业家的绿色创新意识强烈，企业绿色营销的过程启动就快，效率也高。企业绿色营销动力也取决于企业成员追求的最大利益目标和企业成员的素质。良好的企业成员素质是企业绿色营销成功的有力保证。

（2）消费者的市场需求。在我国建设两型社会和实施低碳环保、节能减排的今天，消费者在满足了温饱的物质需求后开始追求更健康、自然、环保的生活方式和产品。粗放消耗型住宅已经无法满足人们绿色需求和绿色消费的需要。消费者的环保行为、社会责任感，以及愿意为绿色产品支付较高的边际成本的绿色趋向，促使房地产企业开展绿色营销，推出绿色生态低碳产品以满足消费者的绿色需求。

（3）同行的市场竞争压力。市场竞争与经营的危机压力是企业绿色营销的重要驱动因素。在竞争的外在压力下，房地产企业必然会努力改善机制，改进生产方式。对他们而言，在建设两型社会和发展低碳经济的背景下，谁先抓住了低碳环保这一趋势，发展绿色节能建筑，谁就能在未来的市场竞争中拔得头筹。竞争的急迫感和压力感促使和激发房地产企业实施绿色营销的行为和动机。

（4）政府的鼓励和支持。政府是市场竞争规则的制定者，也是市场活动的参与者。政府对待科学技术活动和创新活动的态度及采取的措施直接影响到企业绿色营销的成败。我国政府对房地产绿色营销给予了一定的支持，在2011年3月28日第七届国际绿色建筑与建筑节能大会上，住房和城乡建设部副部长仇保兴发表了《我国绿色建筑行动纲要》的主题报告。介绍未来我国政府将推出一系列政策，加大对绿色建筑行业的支持力度，例如在全国全面推行对绿色建筑"以奖代补"的经济激励政策，大规模建设的保障性住房项目等①，必将为绿色建筑提供绝好的发展契机。

（5）科技进步的推动。科学研究和由它产生的技术发明是推动房地产绿色营销的动力。随着全球绿色浪潮的蓬勃发展，绿色技术也应运而生，得到了高速发展，如外墙节能技术，门窗节能技术，屋顶节能技术，采暖、制冷和照明技术，新能源的开发利用等②，此外还有能源梯级利用及余热回收、绿色建筑设备系统能效提升、建筑供热与空调系统节能及计量等技术研究与设备，都在客观上促进了房地产绿色营销的发展。

（6）大环境的驱使。生态环境的恶化给房地产绿色营销施加了外在的压力。公众的环保呼声日益高涨，环保 NGO 的产生和扩大以及媒体的舆论监督作用都在一定程度上促进了绿色营销的发展③。

消极影响因素包括：部分企业仍未建立绿色营销观念，缺乏进行绿色营销的内在动力；消费者绿色消费不足，没有形成全社会性的绿色消费需求；同行的恶意竞争在一定程度上影响了真正绿色产品的销量，影响了实施绿色营销企业的信誉和利润；我国政府在为房地产绿色营销活动营造公平的竞争环境方面还存在着许多漏洞，导致政府的宏观保障作用不能充分而有效地发挥。

4.1.2 房地产绿色营销影响因素车体模型分析

通过对房地产绿色营销的影响因素进行分析，我们可将上述因素分为内在影响因素和外在影响因素两大方面。内在影响因素包括来自企业内部自身的因素，如企业的利润驱动，企业家的创新精神和企业全员的奋斗精神等。外在的影响因素包括理论，消费者，政府，市场竞争，科技，以及国内外大环境等几个方面。同时，根据这些影响因素在房地产绿色营销中的作用，又可将它们分为促进房地产绿色营销发展的积极影响因素和阻碍房地产绿色营销发展的消极影响因素。我国房地产绿色营销的影响因素模型④如图 4 - 1 所示。

---

① 陈会民. 我国实施绿色营销的可行性研究 [J]. 北京商学院学报，1997 (6)：32 - 35.

② 陶峰. 低碳建筑探讨 [J]. 城市建设，2010 (4)：4 - 4.

③ Sumesh R. Nair, Nelson. Stakeholder Influences on Environmental Marketing [J]. Journal of Management Research，2011 (2)：7 - 12.

④ Zhang Yang, Chen Liwen. Analysis on Green Marketing Innovation Motivation under the Two-Oriented Society [C]. The International Conference on Management and Service Science, 2011：334 - 337.

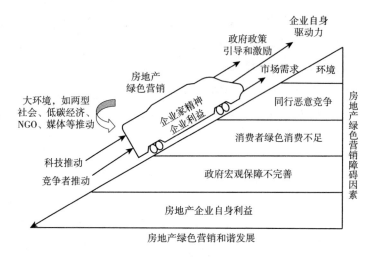

图 4 – 1　房地产绿色营销影响因素车体模型

资料来源：根据对房地产绿色影响因素的分析绘制。

　　图 4 - 1 中的小车代表企业，小车的发动机代表企业内部利益驱动力，小车的司机代表企业家的绿色创新精神，乘客代表为实现企业使命的企业全体职员，小车向前运动代表房地产企业在努力实现房地产绿色营销的发展。小车向前运动受到了来自各个方面的推动力量，图中的顺风风向代表了社会大环境，如两型社会、环保 NGO 和媒体等的推动力。此外，小车在前进中还得到了科学技术进步和竞争者压力的推动作用。政府政策的引导和激励与市场绿色需求的增加对小车前进起到了牵引力的作用。上述都是房地产绿色营销的外在影响因素，也是积极影响因素，但其中起主导性作用的还是来自企业自身的影响因素，即内在驱动力。图中的斜坡实际上表示目前我国实施房地产绿色营销战略的阻碍因素的堆积。大环境中资源与能源制约的障碍，环保力量的薄弱，房地产企业实施绿色营销的主观能动性的缺乏，消费者绿色消费的不足，政府法律法规的宏观保障制度不完善，以及同行的恶意竞争等，都在无形中增加了房地产绿色营销的难度，表现为图中斜坡高度层层的叠加。这些所有障碍因素的合力表现为房地产绿色营销的消极影响因素或障碍因素，它阻碍小车继续向前运行，对企业实施绿色营销起到一个向后的拉力。要想实现小车快速运行，必须增大小车前进的动力，增强各方面积极因素的推动力，设法降低斜坡的高度即减少房地产绿色营销的各种消极障碍因素的阻力。

　　房地产绿色营销的外在影响因素和内在影响因素之间具有互补性，外部影响因素只有转化为内部影响因素才能实现其推动作用，而内部影响因素也离不开外部影响因素的支持。要想取得房地产绿色营销的稳健快速发展，就必须提升房地产企业的内在驱动力即内在积极影响因素，积极推动外部驱动力即外在消极影响因素的发展，使其更好地转化为内在积极影响因素，提升企业的绿色营销绩效。必须大力削减房地产绿色营销的障碍因素，这样才能使坡度放缓，使房地产企业发展阻力减小，更快实现绿色营销。

4.2　房地产绿色营销影响因素实证研究

4.2.1　研究思路与方法

1. 研究思路

通过对前人研究成果的归纳与吸收和个人的分析与研究，初步得出了建设两型社会与低碳经济背景下房地产绿色营销的影响因素，并创建了房地产绿色营销影响因素车体模型。然而该模型对到底哪些因素影响房地产绿色营销只是做了理论上的判断，缺乏实践的根据。这些因素分别对绿色营销起多大的影响与作用，哪些因素起主导作用，哪些因素是外在推动作用都只是主观判断，而没有用科学实证方法表示出来，还有待于进一步的分析和解读。在对吉林省几十家房地产企业问卷调研的基础上，运用统计学软件 SPSS 17.0 进行因子分析，对影响房地产绿色营销的因素进行了实证研究，用科学的量化方法得出房地产绿色营销影响因素和它们的影响力及重要程度，并提出相应的动力提升对策。因子分析是用少数几个因子来描述许多指标或因素之间的联系，以较少几个因子反映原材料的大部分信息的统计学方法，比较适合对影响因素的分析判定研究[①]。

2. 研究方法

社会科学统计软件包（solutions statistical package for the social sciences，

---

① 耿金花，高齐圣，张嗣瀛. 基于层次分析法和因子分析的社区满意度评价体系［J］. 系统管理学报，2007（12）：673 – 677.

SPSS)，是由美国 SPSS 公司开发的大型社会科学统计软件包①。它集数据整理、分析和结果输出等功能于一身，是世界上最早的统计分析软件之一。它与 SAS、BMDP 并称为国际上最有影响的三大统计软件。

因子分析又称为"因素分析"，它是探讨存在相关关系的观测变量之间，是否存在不能直接观察到的，但对观测变量起支配作用的潜在因子的分析方法。因子分析就是根据观测变量之间的相关关系或协方差关系，找出潜在的起支配作用的主要因子，并建立因子模型的方法②。应用因子分析法的主要步骤如下：一是对数据样本进行标准化处理；二是计算样本的相关矩阵 R；三是求相关矩阵 R 的特征根和特征向量；四是根据系统要求的累积贡献率确定主因子的个数；五是计算因子载荷矩阵 A；六是确定因子模型；七是根据上述计算结果，对系统进行分析。

运用统计学软件 SPSS 17.0 进行因子分析，对房地产绿色营销的影响因素进行实证研究，可以有效地保证研究的信度和效度。

4.2.2 研究过程

1. 问卷构建

构建问卷的过程如下：首先查阅了大量的绿色营销影响因素研究文献，对前人的研究成果进行了归纳和总结，得出绿色营销影响因素 16 项，然后邀请了 5 家长春房地产企业的营销部主管和中层以上的领导 22 人进行了小规模的访谈，邀请他们写下自己认为影响房地产绿色营销的影响因素，共收集了影响因素 38 项。通过对这些因素的合并归类和整理，得出影响房地产绿色营销的因素 28 项。又通过对另外 4 家房地产公司营销部主管的访谈和研究，对其进行了进一步的删减和合并，最终保留的影响因素有 22 项，如表 4-1 所示。最终问卷共由 22 个题目组成，全部采用 5 点式李克特（Likert）量表来测量，要求被测试者判断每一个条目对房地产绿色营销的影响程度。从 1（完全不重要）到 5（特别重要）。

① 张奇. SPSS for Windows 在心理学与教育学中的应用 [M]. 北京：北京大学出版社，2011：3-7.

② 周建华，袁红平. 基于因子和聚类分析法的建筑业经济效益评价 [J]. 建筑经济，2007（12）：9-14.

表 4 – 1　　　　　　　　　　　房地产绿色营销影响因素

项目编号	项目内容	项目编号	项目内容
1	生态环境的压力	12	文化程度与个性
2	绿色研发资金投入	13	政府监管力度
3	绿色意识与绿色需求	14	企业员工素质与凝聚力
4	绿色教育与投入	15	同行竞争
5	经济发展与科技进步	16	绿色营销人才培养
6	绿色住宅认证	17	政府宏观调控
7	新闻媒体与公众舆论	18	绿色技术推广
8	收入水平	19	税收优惠
9	国际绿色组织运动	20	企业家绿色创新精神
10	企业绿色经济效益	21	财政补贴
11	企业绿色形象及绿色品牌价值	22	强制性法律法规

资料来源：根据文献、访谈等调研整理得出。

2. 样本的选取

通过熟人的介绍和电话联系了吉林、长春两地的 46 家房地产企业，在吉林市委托朋友走访了 19 家房地产公司并实地发放了问卷，并现场回收。在长春市笔者走访了 27 家房地产企业并实地发放问卷，现场回收。问卷的填写人员均为从事房地产营销实务的主管以及房地产公司的中高层管理人士。两地合并共收回问卷 212 份，回收率为 97%，剔除 5 份填写不全的问卷和 4 份填写无效的问卷，共得到有效问卷 203 份，有效率占 96%。

3. 信度检验

研究应用统计软件 SPSS 17.0 对所得到的 203 份问卷进行了总体信度检验，其 Cronbach's α 信度系数为 0.914（N = 22），如表 4 – 2 所示，说明问卷的整体结构设计具有较高的可信度。因此，根据该问卷调查得到的数据是可信的，基于问卷进行的数据统计分析结果是比较可靠的。判断样本充足性的检验系数（Kaiser-Meyer-Olkin）为 0.931，大于 0.5 的经验值，据凯泽（Kaiser，1974）的观点，极适合进行因素分析[①]；Kmo-Bartlett 球形检验近似卡方值为 1675.538，自由度为 231，显著性为 0.000，如表 4 – 3 所示，证明适合

---

① 徐国虎，许芳. 新能源汽车购买决策的影响因素研究［J］. 中国人口、资源与环境，2010（11）：91 – 95.

进行因子分析。

表 4 - 2 可靠性统计量

Cronbach's Alpha	基于标准化项的 Cronbachs Alpha	项数
0.914	0.914	22

资料来源：根据 SPSS 计算得出。

表 4 - 3 **KMO 和 Bartlett 的检验**

	取样足够度的 Kaiser-Meyer-Olkin 度量	0.931
Bartlett 的球形度检验	近似卡方	1675.538
	df	231
	Sig.	0.000

资料来源：根据 SPSS 计算得出。

4. 提取主因子

根据相关系数矩阵，如表 4 - 4 所示，按照特征值大于 1 的标准共可提取 5 个因子作为项目变量的主因子，5 个因子的累积贡献率为 87.336%，能解释变量的大部分差异，具有较好的解释率。经方差最大正交旋转后的因子载荷矩阵，如表 4 - 5 所示，其中 21 项影响因素的载荷系数均在 0.40 以上，只有一项为 0.387。学者哈里等（Hari et al.，1998）认为要同时考虑到因素分析时样本的大小，若样本数较少，则因子负荷量的选取标准要较高；相对的，若样本数较多，则因子负荷量的选取标准可以较低。一般认为当样本达到 200 时，因子负荷量的选取标准值为 0.400。此外，学者塔巴奇尼克和菲德尔（Tabachnick & Fidell，2007）从个别共同因素可以解释题项变量的差异程度，提出因素负荷量选取的指标准则，如表 4 - 6 所示。依上述专家的研究结果，在因子分析负荷量的挑选准则最好在 0.4 以上，因此将载荷系数为 0.387 的一项（即影响因素 14）删除。

5. 因子内部一致性信度检验

根据探索性因素分析的结果，将问卷划分为 5 个分部分，经检验 5 个部分的内部一致性系数（Cronbach's α）均在 0.50 以上，说明在各个分部分上信度良好，是可以接受的。5 个因子中所包含的每个题项的负荷量都在 0.5 以上。我们对 5 个因子分别进行了命名，即企业实践因子、政府执行因子、消费者决策因子、群众监督因子和环境制约因子。如表 4 - 7 所示。

表 4 - 4　　　　　　　　　　　　　　　　解释的总方差

成分	初始特征值			提取平方和载入			旋转平方和载入		
	合计	方差的 %	累积 %	合计	方差的 %	累积 %	合计	方差的 %	累积 %
1	24. 177	40. 160	40. 160	24. 177	40. 160	40. 160	19. 082	25. 390	25. 390
2	10. 150	16. 860	57. 020	10. 150	16. 860	57. 020	18. 635	24. 795	50. 185
3	10. 132	16. 830	73. 850	10. 132	16. 830	73. 850	15. 565	20. 711	70. 896
4	4. 092	6. 797	80. 647	4. 092	6. 797	80. 647	6. 266	8. 337	79. 233
5	4. 027	6. 689	87. 336	4. 027	6. 689	87. 336	6. 089	8. 103	87. 336
6	0. 783	1. 301	88. 637						
7	0. 734	1. 219	89. 856						
8	0. 667	1. 108	90. 964						
9	0. 654	1. 086	92. 050						
10	0. 602	1. 000	93. 050						
11	0. 525	0. 872	93. 922						
12	0. 510	0. 847	94. 769						
13	0. 476	0. 791	95. 560						
14	0. 440	0. 731	96. 291						
15	0. 387	0. 643	96. 934						
16	0. 335	0. 556	97. 490						
17	0. 329	0. 547	98. 037						
18	0. 293	0. 487	98. 524						
19	0. 258	0. 429	98. 953						
20	0. 253	0. 420	99. 373						
21	0. 197	0. 327	99. 701						
22	0. 180	0. 299	100. 000						

资料来源：根据 SPSS 计算得出。

表 4 - 5　　　　　　　　　　　　　　　　旋转成分矩阵

	成分				
	1	2	3	4	5
a17	0. 737	0. 083	0. 032	0. 024	0. 207
a22	0. 726	0. 148	0. 162	− 0. 165	− 0. 083
a13	0. 632	0. 310	0. 246	0. 288	0. 169

续表

	成分				
	1	2	3	4	5
a6	0.627	0.055	0.080	0.405	− 0.011
a21	0.619	0.127	0.247	0.181	0.320
a19	0.585	0.207	0.197	0.311	0.215
a18	0.583	0.301	0.185	0.103	0.001
a16	0.581	0.287	0.104	0.198	0.310
a2	0.535	0.154	0.297	0.336	0.291
a4	0.505	− 0.086	0.282	0.423	0.343
a10	0.064	0.696	0.252	0.143	0.020
a11	0.284	0.576	0.102	0.266	0.095
a20	0.262	0.557	− 0.265	− 0.159	0.380
a15	0.372	0.488	0.318	0.268	0.220
a14	0.375	0.387	0.290	0.311	0.192
a3	0.181	− 0.067	0.704	0.112	0.287
a8	0.114	0.259	0.565	0.001	− 0.010
a12	0.418	0.259	0.540	0.059	− 0.079
a9	0.061	0.120	− .069	0.752	0.003
a7	0.202	0.259	0.262	0.560	0.125
a1	0.076	0.126	0.040	0.065	0.817
a5	0.281	0.145	0.406	0.088	0.522

资料来源：根据 SPSS 计算得出。

表 4 – 6   **因子负荷量、解释变异百分比选取标准**

因子负荷量	因子负荷量 2（解释变异量）	题项变量状况
0.71	50%	甚为理想（excellent）
0.63	40%	非常好（very good）
0.55	30%	好（good）
0.45	20%	普通（fair）
0.32	10%	不好（poor）
<0.32	<10%	舍弃

资料来源：根据 SPSS 标准统计。

表 4-7　　　　　　　　房地产绿色营销影响因素量表

序号	因子名称	测量指标	负荷量	Cronbach's α	解释变异量
1	政府执行因子	V17 宏观调控 V22 强制性法律法规 V13 政府监管力度 V6 绿色认证 V21 财政补贴 V19 税收优惠 V18 绿色技术推广 V16 绿色营销人才培养 V2 绿色研发资金拨款 V4 绿色教育与投入	0.737 0.726 0.632 0.627 0.619 0.585 0.583 0.581 0.535 0.505	0.787	25.390%
2	企业实践因子	V10 企业绿色经济效益 V11 绿色形象与绿色品牌价值 V20 企业家绿色创新精神 V15 同行竞争	0.696 0.576 0.557 0.528	0.663	24.795%
3	消费者决策因子	V3 绿色意识与绿色需求 V8 收入水平 V12 文化程度与个性	0.704 0.565 0.540	0.549	20.711%
4	群众监督因子	V9 国际绿色组织与运动 V7 新闻媒体与公众舆论	0.752 0.560	0.612	8.337%
5	环境制约因子	V1 生态环境的压力 V5 经济发展与科技进步	0.817 0.522	0.568	8.103%

资料来源：根据 SPSS 统计结果分析得出。

4.3　研究结论与启示

1. 结论

通过上述分析，我们可以看到按照相对重要性排列，政府执行因子、企业实践因子、消费者决策因子、群众监督因子和环境制约因子为影响房地产绿色营销的主因子。

政府执行因子对变异的解释量为 25.390%，是房地产绿色营销的首要影响因素。它包括宏观调控、强制性法律法规、政府监管力度、绿色认证、财政补贴、税收优惠、绿色技术推广、绿色营销人才培养、绿色研发资金拨款、绿色教育与投入等。这个结果与理论分析的结果略有不同，通过理论分析我们认为，房地产实施绿色营销的主要动力应该来源于自身，企业自身的绿色驱动因素应该是企业实施绿色营销的最主要原因。综合现实情况我们发现，之所以政府是首要影响因素，一是由于绿色营销的最终目的是保护生态环境、促进可持续发展，而环境的可持续发展在一定程度上属于公共产品，在没有政府和法律的强制和约束下，作为"经济人"的企业是不会主动增加绿色成本，进行绿色营销活动的；二是政府是市场规则的制定者和市场活动的参与者，政府的宏观调控政策对房地产市场有巨大的影响，现阶段我国房地产业在政府宏观调控的"组合拳"下面临"严冬"，房地产企业面临着严峻的优胜劣汰，可见政府在房地产业的发展方面起主导作用。因此，政府的执行态度和举措直接影响到房地产绿色营销的成败。政府保护绿色营销的法律法规和对企业进行绿色生产的监管力度，对产品进行绿色认证和为房地产企业实施绿色营销的一系列鼓励措施，都会较大地影响到房地产绿色营销的发展。

企业实践因子包括变量企业绿色经济效益、绿色形象与绿色品牌价值、企业家绿色创新精神与同行竞争，共能解释 24.795% 的变异量，是实现房地产绿色营销的重要力量。绿色经济效益对于以营利为目的的企业来说是最根本的目的，也是企业实施绿色营销创新的最直接的动力。绿色创新人才资源是房地产企业提升竞争力的核心因素，也是建设创新型国家的必然要求[1]，绿色科学制造技术的发展，为企业实施绿色营销创新提供了可能性和技术支撑，对房地产绿色营销动力起较大的影响作用。企业家作为企业创新的组织者和主体，他的创新意识和精神对房地产绿色营销具有重大意义。此外，同行的市场竞争压力会对房地产企业积极开展绿色营销起到推动作用。企业成员的素质、企业的使命、企业绿色形象的树立、研发资金的投入和绿色产品品牌的创立都会在一定程度上促进房地产绿色营销的发展。

消费者决策因子在房地产绿色营销影响因素中占第三位，能解释 20.711% 的变异量，包括消费者的绿色意识与绿色需求、消费者收入水平和

---

① 向刚，汪应洛. 企业持续创新能力：要素构成与评价模型 [J]. 中国管理科学，2004 (12)：137 - 140.

消费者文化程度与个性。其中消费者绿色意识与绿色需求是主要影响因素，随着我国建设两型社会和低碳环保节能减排的实践发展，随着人们生活水平的日益提高，人们绿色意识和绿色需求不断增强，愿意为绿色产品支付相对较高的边际成本，这都大大促进了房地产绿色营销的发展。而消费者的收入水平和文化程度与个性又在一定程度上制约了消费者的绿色消费实践，间接影响了房地产绿色营销。

群众监督因子包括国际绿色组织与运动和新闻媒体与公众舆论两个变量，能解释 8.337% 的变异量，对房地产绿色营销起到了一定的积极作用。公众的环保呼声和环保组织的产生与不断扩大对房地产企业实施绿色营销施加了一定的压力，并转化为房地产企业积极实施绿色营销的动力。为树立良好的绿色企业形象，符合全球绿色环保的潮流，房地产企业不得不努力实施绿色营销，打开绿色消费市场，赢得更多的利润。新闻媒体与公众舆论对房地产企业的绿色行为起到监督作用，这在一定程度上也促进和规范了房地产绿色营销的发展。

环境制约因子是影响房地产绿色营销的第五个主因子，包括生态环境的压力和经济发展与科技进步，解释了 8.103% 的变异量。正是生态环境的压力促使我国积极建设两型社会，促使房地产企业积极进行绿色营销活动。经济发展与科技进步在客观上制约着房地产绿色营销的实践，对房地产绿色营销有一定的影响作用。

2. 启示

在宏观上，我们要继续发扬政府的主导和保障作用，合理调节经济增长对有限资源的需求。进行制度创新，消除实施绿色营销的制度障碍。完善和加强绿色法律制度和法规的建立，规范绿色市场行为，加大执法和监管力度，做到有法可依、有法必依、执法必严。加强绿色教育，转变传统观念，培育全民和企业的绿色意识，培育绿色文化。尽快制定出一套科学的绿色认证体系，加大对实施绿色营销房地产企业的政策倾斜，如财政补贴和税收优惠等，为房地产绿色营销实践提供宏观保障。

房地产企业自身要树立绿色营销观念，增强环保意识。以可持续发展为宗旨，达到企业利益、社会利益和环境利益三者的协调统一。依靠科技进步，逐步提高企业的绿色程度。鼓励企业家的创新精神，发展房地产绿色营销人才，培育绿色的企业文化，树立绿色企业形象。提升企业全员的基本素质，积极应对同行的正当竞争行为，建立绿色技术创新体系，灵活运用企业绿色营销组合创新策略，实施绿色管理，树立绿色品牌形象，实现企业的绿色使命。

加强对消费者绿色教育的普及，促使消费者整体环境意识的提高。使他们树立起消费与环境、生产与环境可持续发展的绿色价值观念，明确绿色消费是一种社会责任感的体现，促进整个社会绿色需求的形成。努力发展社会经济，提高消费者的收入水平，提升对全民的教育程度和水平，注重性格的培养，同时还要鼓励他们对政府在对绿色营销的企业引导和鼓励的公正性，对房地产绿色营销中的虚假行为惩治的公平性等方面进行监督①。

积极宣传国际环保组织的先进理念和环保运动，大力扶持国内环保组织、公众及新闻媒体等舆论因素，使他们发展壮大，对企业绿色营销活动、消费者的绿色消费行动和政府的宏观调控策略进行监督和影响，促进两型社会下绿色营销发展的正义与公平②。

面对全球生态环境的压力，致力于发展绿色经济、低碳经济，房地产业是我国国民经济的支柱产业，是高消耗、高污染、高排放的行业，也是实践节能减排的重点和难点。实施绿色营销是房地产业实现节能减排的重要手段。注重发展绿色营销，以高质量的绿色产品和服务提高市场占有率。加强绿色科技开发，增加绿色科技投入，逐步增加产品的设计、制造、分销、促销等环节的绿色因素，以绿色科技推动房地产绿色营销的发展。

4.4　本章小结

本章先对房地产绿色营销影响因素进行了理论分析，从理论和现实两个方面提出了我国房地产绿色营销的影响因素。通过对房地产绿色营销的影响因素进行分析后，将其分为内在影响因素和外在影响因素两大方面。内在影响因素包括来自企业内部自身的因素，如企业的利润驱动、企业家的创新精神和企业全员的奋斗精神等。外在影响因素包括理论、消费者、政府、市场竞争、科技，以及国内外大环境等几个方面。同时根据这些因素在房地产绿色营销中的作用又可分为积极影响因素和消极影响因素两大

---

① 王向阳. 绿色消费的心理分析及对绿色营销沟通的启示 ［J］. 北京工商大学学报, 1997 (5): 61–64.

② 许彩国. 关于绿色营销若干问题的思考 ［J］. 湖南商学院学报, 2002 (6): 13–15.

方面，从而提出我国房地产绿色营销影响因素车体模型。在对吉林省几十家房地产企业问卷调研的基础上，运用统计学软件 SPSS 17.0 进行因子分析，对房地产绿色营销的影响因素进行了实证研究，用科学的量化方法得出房地产绿色营销影响因素和它们的影响力及重要程度，为进一步制定绿色营销策略奠定了基础。

第5章　政府视角下房地产
绿色营销策略研究

5.1　发展完善绿色建筑与认证体系

5.1.1　国外绿色认证体系的发展

1. 绿色建筑

联合国环境项目曾发布题为"建筑与气候变化"的报道，指出全世界约有30%~40%的基本能量被用于建筑业。随着能源危机的持续和人们对环境的关注，绿色建筑概念逐渐形成。绿色建筑最早出现在19世纪末20世纪初，最早始于非营利部门，如联邦、州和城市的建筑项目，直到近年来才得到广泛的发展①。这些建筑被设计、建造和运行的目标在于保护能源，对环境产生最小的影响。绿色建筑加快了住宅和商用住房高效地运用自然资源、可持续和可再生能源的建筑实践。绿色建筑是指根据建筑地点的气候、环境文化和社区，因地制宜、合理布局，以降低资源消耗，增加能源供应，增强生活的质量和多样性。总之，绿色建筑在其建造和运行的生命周期中消耗最少的自然资源，目的在于保护非可再生资源，强调再利用、再循环和使用可再生资源。绿色建筑聚焦于提高资源的利用效率，是建筑设计师、工程师、园景设计师、服务与能源顾问联合努力的成果②。

---

① Susanne Ethridge, Ujjval Vyas. Green Building: Banlancing Fact and Fiction [J]. Real Estate Issues, 2008 (2): 5-20.

② Kansal, Kadambari. Green Buildings: An Assessment of Life Cycle Cost [J]. The IUP Journal of Infrastructure, 2010 (4): 32-48.

　　绿色建筑主要包括以下四个基本组成部分。

　　一是选址。地址的选择与项目建造过程中建筑材料等大规模的材料运输密切相关，且要保护和保持所选择的地址原有的地貌和自然特征。在生态住区中，对所选择的植物要有一定的要求，要耐旱，不易受病虫害的侵袭，并需要最少的修剪和护理。

　　二是节省能源。绿色建筑的设计策略如建筑的塑造和导向，太阳能设计和自然光的使用等都能影响能源运用。如使用高效率的光系统和先进的光控制，采用节能的加热或制冷系统连同保温效率高的建筑外墙，最小化光设备和家电的电子负荷，降低电力消耗的负担。使用尺寸恰当和浅色系的屋顶与墙面装饰材料，运用高 R 值的墙与天花板的隔热材料，并在东西方向尽量安装最少的玻璃，都能起到节约的功效。此外，开发可替代能源如太阳能电池和燃料电池都代表了未来兴起科技的方向①。计算机模型在优化设计电力、机械系统和建筑框架上也非常有效。

　　三是提高效率。在对建筑材料和产品进行选择时，要对再利用与再循环内容，零排放或低有害气体排放，无毒或低毒的、可持续获得的材料，高回收率、耐用的、寿命长的和本地生产等一些特征进行评价。应鼓励节约资源和提高效率。

　　四是节省水。通过双重配管，利用再循环的水冲厕所，或使用包括雨水或其他非饮用水在内的灰色用水系统用来工地灌溉。通过使用非常低冲洗水量的马桶，低流量的淋浴龙头和其他的节水装置来减少废水。集中的热水分配装置使用再循环系统和安装使用电热水加热系统，为更远的地方节省能源②。

　　绿色建筑的益处可被分为环境益处、经济益处和健康与公众益处。

　　环境益处在于能保护生态系统与增加生物的多样性。绿色的设计和建筑实践能帮助我们应对环境的挑战，如自然资源的耗尽，水、空气和土地污染等，从而保护自然资源。绿色建筑通过使用一些新技术来提高水的质量和利用率，帮助降低水的使用量和工地现场对雨水的过滤和使用，能够通过更佳的绿色产品设计与再循环来降低能源的浪费。对建筑材料的循环利用能减少

----

　　① J. J. Asongu. Green Homes：Sustainable Housing and Competitive Advantage in a Troubled Industry [J]. Journal of Business and Public Policy, 2007（1）：33 – 48.

　　② Ritu Sinha. Green Building：A Step towards Sustainable Architecture [J]. The IUP Journal of Infrastructure, 2009（6）：24 – 35.

原材料的使用和伴生的环境影响，以及私人部门和当地政府在处置这些材料时的成本。

经济益处在于能通过减少运行成本，减少被用于光、热、制冷和维持建筑运行以及电器所消耗的能源量，增加资产价值和利润且优化生命循环经济状况等被评估出来。在建筑中使用先进的节能技术能够为社区带来巨大益处，降低人们对矿物资源的需求和温室气体的排放。据美国绿色建筑委员会（USGBC）统计，绿色建筑目前平均降低了30%的能源使用，35%的二氧化碳排放，减少水使用达30%~50%[①]。

健康与公众益处在于绿色建筑也能够帮助人类获得健康和繁荣，能提高居住的舒适与健康，最小化当地基础结构的过度使用，有益于生命质量的提升。可持续调查的结果表明建筑物的绿色特征，如日光、增加的自然空气通风和降低潮湿，使用低散发性的地毯、胶水、绘画和其他的内部装饰材料等对人类的健康和创造力有益[②]。

2. 国外绿色建筑环境评价工具简介

目前常用的不同建筑环境评价工具[③]如下。

（1）联合国政府间气候变化专门委员会（IPCC）第四届评估报告（AR4）：IPCC 由世界气象组织（WMO）和联合国环境规划署（UNEP）共同建立，以获取与气候变化相关的科学、技术及社会经济信息，它的潜在目标是为了适应全球气候变化和减缓气候变化导致的负面效果。IPCC 发布了《气候变化2007》，也被称为第四届评估报告（AR4）。

（2）联合国环境规划署（UNEP）：UNEP 增强了人类通过意识运动而适应气候变化的能力，还为商业与非商业组织提供了计算温室气体排放的原则，被称为 GHG 指标。

（3）21 世纪议程（Agenda 21）：Agenda 21 是由联合国发起的旨在促进全世界可持续发展的项目，它强调了只要存在人类对环境的影响，就应该在世界范围内采取措施的观点。

---

① Feldman and Stachler. Green Marketing: Do Corporate Strategies Reflect Experts' Advice? [J]. The Journal of Marketing Management, 1996 (8): 35 – 47.

② Gregory Unruh, Rechard Ettenson. Growing Green [J]. Harvard Business Review, 2010 (6): 36 – 49.

③ Peng Wu, Sui Pheng Low. Project Management and Green Buildings: Lessons from the Rating Systems [J]. Journal of Professional Issues in Engineering Education and Practice, 2010 (4): 27 – 35.

（4）国际咨询工程师联合会（FIDIC）的项目可持续管理（PSM）：FID-IC 提出了项目可持续管理（PSM）的指导原则。这些原则帮助项目工程师为对社会有益的项目得出可持续发展的目标。

（5）投资产权数字银行（IPD）环境法规：IPD 为所有者、投资者、企业家、房地产所有者等展开业绩分析，认识到世界范围内关注环境发展的重要性，并在 2008 年 2 月提出了环境法规。法规旨在为测量建筑物的环境效果提供全新的、全球性的标准。它协助组织发布了他们建筑的质量环境效果信息。这项法规包含了从公司到机场等广泛的建筑类型，对于企业建立环境战略、实施房地产战略、效果评价与测量、生命周期评价等方法都大有裨益。

（6）ISO 21931：为提高评价建筑物环境性能的比较方法和评价质量，2006 年发布了 ISO/TS 21931 提供了基本的框架，被用来与 ISO14000 系列标准联合使用。

3. 国外绿色建筑认证体系的发展

大部分的传统建筑都是碳排放的主要来源。因此，世界上一些组织建立了绿色建筑评价体系来证实一个建筑事实上的"绿色"与"环保"程度。然而，目前仍然缺乏关于建筑物的真实表现和建筑设计与运行策略影响的数据。增加对这种数据的获取将会有助于确保绿色建筑以一种比传统建筑更为优越的方式来运行，有助于推动建筑部门的持续进步。在 1990 年，英国政府在英国房地产业的要求下首次开展了绿色标准运动；它提出了 BREEAM——英国建筑研究院环境评估方法。它以宏观的视角对英国新建和现存的建筑进行了评价①。

美国绿色建筑委员会在 2000 年第一次提出能源与环境设计先导（LEED）评价系统，他们设计了这样一个方案，为评判的每一个类别都分配了一定的分数。如可持续选址占 14 分，水资源节省占 5 分，能源和环境占 17 分，材料和资源占 13 分，室内环境质量占 15 分，创新和设计过程占 5 分。这个 LEED 程序适合于应用在新建筑和已有建筑中。企业可以通过重新开发棕色土地（brown field）和公共交通使用等各项事务来获取相应的分数。LEED 拥有四个奖励等级：合格（26～32 分），银奖（33～38 分），金奖（39～51 分），铂金奖（52～69 分）。一栋 LEED 金奖和铂金奖认证的建筑对环境产生

---

① John Grant. The Green Marketing Manifesto [M]. Wiley, 2008：14–29.

的负面影响分别是一个传统标准建筑的 50% 和 70%①，美国 LEED 评价标准体系如表 5 -1 所示。

表 5 -1   LEED 评价标准系统

		LEED 2.0			LEED 2.1			LEED CI			LEED EB		
		条款数	分值	权重	条款数	分值	权重	条款数	分值	权重	条款数	分值	权重
可持续场地选择		9	14	20%	9	14	20%	9	14	20%	9	14	20%
有效利用水资源		3	5	7%	3	5	7%	3	5	7%	3	5	7%
能源与环境		9	17	25%	9	17	25%	9	17	25%	9	17	25%
材料和环境		8	13	19%	8	13	19%	8	13	19%	8	13	19%
室内环境质量		10	15	22%	10	15	22%	10	15	22%	10	15	22%
创新设计		2	5	7%	2	5	7%	2	5	7%	2	5	7%
总计		41	69	100%	41	69	100%	41	69	100%	41	69	100%
评价得分	一般认证	26 ~ 32			26 ~ 32			21 ~ 26			28 ~ 35		
	银级认证	33 ~ 38			33 ~ 38			27 ~ 31			36 ~ 42		
	金级认证	39 ~ 51			39 ~ 51			31 ~ 41			43 ~ 56		
	铂金认证	>51			>51			>41			>56		

资料来源：美国绿色建筑委员会网站。

另外一个评价绿色建筑的新型机构是绿色地球（Green Globe），它提供了一种在线工具评价草案，评价系统和指南目的在于将环境友好设计合并到商业结构之中。作为一个在美国致力于为了更快、更健康地发展环境可持续建筑的一个非营利组织，它首先在加拿大开始运行。这一领域的另一个组织是国家房屋建造协会（NAHB），基于国家绿色建筑标准基础下，同样提出了自己自愿的认证程序，被称为国家绿色建筑程序，这是由 NAHB 和国际规范委员会共同发展的。这个程序可以被用作国家和当地自愿绿色建筑程序的一条通道，在全国范围内为建造商提供在线评分工具，检验且帮助绿色建造商注册并为公众意识提供教育资源。

还有被新加坡国家环境机构所支持和采用的 BCA Green Mark 评价标准，它是 BCA 绿色建筑评价体系的发展，目的在于评价建筑物的环境影响和完成情况。与之前评价系统相似，主要基于 5 个关键评价原则。根据得分的高低，

---

① Denise Kalette. 2010 Green Building Survey [J]. A Special Supplement to National Real Estate Investor and Retail Traffic, 2010 (11): 25 -34.

建筑物可获得铂金、金、金＋、金或绿色资格等相关认证。它于1995年1月发布，目前新加坡与中国天津联合采取生态区域计划，天津生态城很有可能是世界上第一个也是最具有意义的，在宏观层面上关注生态友好特征并能为其他国家提供宝贵生态课程的建筑计划。

　　总之，世界各国的绿色建筑评价活动逐步开展，具有类似作用的评价工具也不断涌现，世界主要国家绿色评价标准系统如表5-2所示。

表5-2　　　　　　　　　世界主要国家绿色评价标准系统

编号	国家	绿色评价标准系统
1	澳大利亚	Nabers/ Green Star
2	巴西	AQUA/ LEEDBrazil
3	加拿大	LEEDCanada/ Green Globes
4	芬兰	PromisE
5	法国	HQE
6	德国	DGNB
7	印度	GRIHA
8	意大利	Protocollo Itaca
9	日本	CASBEE
10	墨西哥	LEEDMexico
11	新西兰	Green Star NZ
12	葡萄牙	Lider A
13	新加坡	Green Mark
14	西班牙	VERDE
15	美国	LEED
16	英国	BREEAM

资料来源：根据各国资料整理汇编。

5.1.2　我国绿色建筑评价体系的发展与完善

1. 我国绿色建筑的发展与完善

（1）我国发展绿色建筑的必要性。随着全球生态危机的加剧，能源与环境问题已成为全球共同关注的现象，如何节能减排、保护环境也成为世界各国为之努力的方向。根据各国气候中心研究数据显示，2010 年全球建筑运行碳排放量约占总排放量的 28%，因此，建筑业的节能减排是解决气候与环境问题的重要途径。而绿色建筑由于其具有节约能源与资源、保护自然环境等特点成为建筑业节能减排最有效的方法之一，其对减少室内外污染，改善民众的居住舒适度与健康性起到重大作用。

据住房和城乡建设部发布的信息表明，中国建筑的能耗（包括建材生产、建造能耗、生活能耗、采暖空调等）约占全社会总能耗的 33.3%，而运营过程中的能耗占建筑能耗的 70%，建筑的二氧化碳排放约占全国总体碳排放量的 43.7%。据时任住建部副部长仇保兴透露，如果全面执行建筑节能设计标准，对既有建筑逐步推行节能改造，预计到 2020 年，每年可节约 4200 亿度电和 2.6 亿吨标准煤，减少二氧化碳等温室气体排放 8.46 亿吨[①]。因此，中国发展绿色建筑、低碳减排对全球可持续发展意义非凡。

目前，我国正处于城镇化与工业化快速推进发展的历史进程中，城市人口迅速增加，对房屋的需求量十分巨大，我国建筑存量大、新增建筑多，因此，及时发展绿色建筑对于我国节能减排、扩大内需、促进经济结构调整与促进新兴产业发展，以及推动城镇建设都具有重大意义[②]。此外，随着人们绿色意识的发展，越来越多的购房者更加注重房屋的设计与建造过程中的环保性以及居住的健康性、舒适性，并愿意为此支付相应的"溢价"，民众的绿色环保意识是激发房地产企业发展绿色建筑的重要原因。再者，我国发展绿色建筑的比较效益高，据测算，我国实施建筑节能与发展绿色建筑的成本相对于欧美国家较低，且我国日前绿色建筑技术经过多年努力已经取得了长足的发展，积累了丰富的经验。因此，我国发展绿色建筑不仅是全球全人类可持续发展的要求，也是我国实现经济快速健康发展的必然选择。

（2）我国绿色建筑发展现状。目前，我国绿色建筑已进入快速发展阶段，对于发展绿色建筑与建筑节能的社会共识已初步形成。据住建部总经济师李秉仁披露的数据显示，截至 2009 年，全国累计建成节能住宅面积 40.8 亿平方米，占城镇建筑面积的 21.7%，形成了年节能能力 900 万吨、减少二氧化碳排放 2430 万吨的能力。统计数据显示，截至 2012 年 3 月，全国共计评出 371 项绿色建筑评价标识项目，总建筑面积达 3600 万平方米，新建绿色

---

① 仇保兴. 中国绿色建筑发展的四大策略——仇保兴在墨西哥绿色建筑协会组织专场演讲会的演讲［J］. 建筑节能，2006（5）：3-4.

② 洪小瑛. 关于绿色竞争力的几点理论思考［J］. 广西社会科学，2002（3）：92-95.

建筑逐年增加，其中 2011 年新建绿色建筑面积是 2010 年的 3. 36 倍①。目前，中国现有超过 800 个美国 LEED 认证的绿色建筑项目，这一数目已远远超过美国，跃居数量"世界第一"的宝座，可见中国发展绿色建筑的速度之快令人叹服。2010 年中国绿色节能低碳建筑 Top10 榜单如表 5 - 3 所示。

表 5 - 3　　　　　　　　2010 年中国绿色节能低碳建筑 Top10

编号	名称	绿色节能特色
1	世博零碳馆	太阳能、风能、水源热泵、生物质能
2	台湾成功大学	环保建材、特殊水泥、污泥烧制陶料、抑菌钢板
3	德州太阳谷微排大厦	最大的太阳能大厦，整体节能效率88%
4	电谷锦江酒店	污水源热泵技术、实现污水循环利用
5	世博中国馆	生态农业景观、自遮阳、雨水收集
6	成都来福世广场	地源地泵供热与制冷系统、热回收、清水混凝土
7	台北 101 大厦	楼高 508 米，垃圾回收技术
8	国际新能源市场光热馆	采光率90%、透明度75%、15000 块自动光线跟踪板
9	重庆幻山商业中心区	生态发电、水循环、绿色商业中心
10	杭州低碳科技馆	国家绿色建筑三星级、太阳能光复材料

资料来源：根据太阳能产业资讯网资料汇编整理。

　　由道奇数据分析公司（Dodge Data & Analytics）和联合技术公司（United Technologies）联合出品的《2016 全球绿色建筑趋势报告》是对全球 69 个国家的 1000 多家相关企业进行调研的结果，提供了最新的世界绿色建筑趋势数据。报告显示，绿色建筑在发达国家和发展中国家继续影响着施工行业，而且将在大多数国家，特别是发展中国家得到巨大增长。报告认为中国仍是一个新兴发展的绿色建筑市场。33% 的中国被访者目前的施工建筑中绿色项目少于 16%，仅有 5% 的中国被访者所实施的绿色建筑项目占比大于 60%。尽管如此，三年后，中国建筑企业或将大大提高绿色建筑的参与度。仅 5% 的建筑企业将实施 15% 以下的绿色项目，而那些计划实施大多数项目（占比 60% 以上）为绿色建筑的企业数将增大五倍至 28%，如图 5 - 1 所示。

---

① 　张仕廉，李学征，刘一. 绿色建筑经济激励政策分析 [J]. 生态经济，2006（5）：312 - 315.

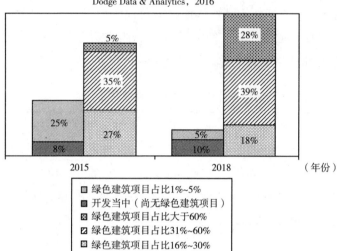

图 5 – 1　中国被访企业绿色建筑项目水平

资料来源：《2016 全球绿色建筑趋势报告》。

根据报告，中国被访企业计划在以下三个领域投资绿色项目的比例远超全球平均水平。

一是新建商业楼宇（例如：写字楼、商场、酒店等）：55%的中国被访企业计划新建绿色商业楼宇，而全球这一数字仅为 46%。其他有类似高比例建造绿色商业楼宇的国家包括墨西哥、新加坡、印度和哥伦比亚，这也显示在很多发展中国家商业施工项目是绿色建筑的重要驱动。

二是新建高层住宅（4 层及以上）：45%的中国被访企业计划新建绿色高层住宅，远超全球平均比例 25%。这也让中国与新加坡、印度、巴西等其他发展中的绿色建筑市场处于同一起跑线。

三是综合社区项目（结合住宅和商业等多用途开发建筑）：36%的中国被访企业计划开展综合社区项目，这一比例全球最高。中国正大力开发可持续性的超大城市，所以这一数据也并不意外。

绿色建筑正愈发受到国内房地产商的青睐，如东莞台商大厦，这个号称一年能节省 600 万元电费的节能绿色建筑正在努力申请美国绿色建筑评估认证体系的金奖证书。不仅是大型的超高层项目和大型公建项目，越来越多的国内房地产商也开始在住宅领域积极探索绿色建筑实践活动。起初是万科、招商等大型房地产开发商，2004 年万科在上海的第一个绿色建筑项目——位于上海闵行区的"朗润园"从规划、建筑设计等源头入手，集成应用了雨水收集利用、透水路面等技术，享誉一时。据了解，万科已与住建部签订了战略合作计划，当年开工 13 个三星级绿色项目。2009 年，已有部分中小型房地产开发商也参与到开发绿色建筑项目中，绿色建筑的发展空间更加广泛。根据 2016 年度中国绿色地产发展报告，中国房地产企业绿色地产 30 强名单如表 5 - 4 所示。2016 年度绿色建筑设计 10 强榜单如表 5 - 5 所示。

表 5 - 4　　　　　　　　　2016 年中国绿色地产企业 30 强

排名	名称	排名	名称
1	万科企业股份有限公司	16	北京万通地产股份有限公司
2	大连万达集团股份有限公司	17	金融街控股股份有限公司
3	中国金茂控股集团有限公司	18	北京万年基业建设投资有限公司
4	招商局蛇口工业区控股股份有限公司	19	恒基兆业地产有限公司
5	上海绿地控股集团有限公司	20	中冶置业集团有限公司
6	瑞安房地产有限公司	21	中国海外发展有限公司
7	中国恒大集团	22	SOHO 中国有限公司
8	朗诗绿色地产有限公司	23	保利房地产（集团）股份有限公司
9	当代节能置业股份有限公司	24	华远地产股份有限公司
10	华润置地有限公司	25	三湘股份有限公司
11	远洋集团控股有限公司	26	鸿坤地产集团
12	太古地产	27	中国葛洲坝集团房地产开发有限公司
13	凯德置地（中国）投资有限公司	28	越秀地产股份有限公司
14	新世界中国地产有限公司	29	鲁能集团有限公司
15	亿利金威控股股份有限公司	30	金都房产集团

资料来源：《2016 年度中国绿色地产发展报告》。

表 5 - 5　　　　　　　　　2016 年中国绿色建筑设计 10 强

排名	名称
1	中国建筑科学研究院上海分院
2	上海市建筑科学研究院
3	华东建筑设计研究院有限公司
4	CCDI 悉地国际
5	深圳市建筑科学研究院股份有限公司

排名	名称
6	奥雅纳工程咨询（上海）有限公司
7	深圳万都时代绿色建筑技术有限公司
8	浙江联泰建筑节能科技有限公司
9	天津市建筑设计院绿色建筑机电技术研发中心
10	深圳市越众绿色建筑科技发展有限公司

资料来源：《2016 年度中国绿色地产发展报告》。

2017 年 3 月 21～22 日，第十三届国际绿色建筑与建筑节能大会暨新技术与产品博览会（下称绿色大会）在北京国家会议中心召开，中、法、德等国家的相关部委、企业等数千人参加了大会。新一届的绿色大会是在美国总统特朗普宣称要退出气候谈判协定的背景下召开的。有着紧凑型城市这一共同特点的欧盟与中国依旧在节能减排这一命题上有着强烈共识。除了中国住建部相关领导，德国联邦环境、自然保护、建筑和核安全部国务秘书贡特尔·阿德勒等欧盟国家高级官员亦亲临大会现场并发言。

我国住建部总工程师陈宜明在发言时指出，2006 年，我国就出台了《国家标准绿色建筑评价标准》，然而，数据显示，2015 年当年，获得绿色建筑标识的建筑的总面积占城镇竣工总面积的比例不到 5%。获得绿色运行标识的建筑的总面积，只占绿色建筑总面积的 5% 左右，这两个 5% 说明我国的绿色建筑无论是在规模上还是在运行质量上，都与现行要求和居民对住宅的品质诉求相距甚远。

虽然我国绿色建筑的发展取得了丰硕的成果，但还远没有达到成熟完善的水平，目前我国绿色建筑发展的主要问题有公众认识上的误区、房地产开发商的投机牟利行为以及政府执行力度欠缺等。

首先，公众对绿色建筑的认识不足。大部分消费者与开发商对于绿色建筑的概念、内涵等相关信息缺乏深刻的认识与理解。消费者往往认为绿色建筑的建造成本必然高于传统普通建筑，而这部分附加成本的费用会导致高昂的"溢价"，加重自身购房的经济压力，他们将绿色建筑看作专属于社会上层名流富豪的"奢侈品"，而并不是广大工薪阶层能够拥有和享用的。然而事实上，绿色建筑产品虽然存在一定的成本增量，但由于新近科技的运用与进步，这种成本增量已呈逐步下降的趋势，尤其是国家建筑一星级标准住宅，其成本增量几乎不存在，只有更高等级的二、三星级绿色建筑存在部分的成本增量，但与项目整体投资额度相比也不是太高。按照国外一些成熟案例分析，如在美国 LEED 标准下，一平方米绿色建筑的造价仅比一平方米普通建筑造价高 2%~5%，且从建筑物的全寿命周期来看，绿色建筑在运行过程中会节省最初 20% 的建造成本，超出最初投资资金的 10 倍。因此，消费者要转变观念，不能将绿色建筑等同于昂贵建筑。除此之外，许多开发商对于开发绿色建筑的理解也存在误区。有的开发商认为"恒温恒湿"即为绿色建筑，忽视了对自然的通风、光照等设计的运用；有的认为采用高新技术即为绿色建筑，而片面追求高新技术，刻意追求技术节能，甚至完全照搬国外技术，忽视了因地制宜反而造成资源浪费与成本增加；还有的开发商对绿色建筑理解粗浅，认为开发园区绿化与景观设计即为绿色建筑，注重表面工作而忽视绿色建筑的本质含义；还有的开发商将节能建筑等同于绿色建筑，但实际上，绿色建筑必然节能，而节能建筑未必是绿色建筑，还存在用地效率、室内外环境等综合考量因素影响。

其次，个别房地产商投机取巧、炒作牟利。目前我国房地产"伪绿"现象严重，一些房地产商为了谋取更高的利润，不惜利用"绿色"噱头进行炒作，推高造价以欺骗消费者。他们未经我国绿色建筑评价体系标识的认证便将产品自封为"绿色建筑"以标榜自身的可持续发展。如采用技术堆砌的方法进行节能降耗，结果导致能耗不降反升等。重炒作、轻实践，房地产市场中的浑水摸鱼现象反映了我国绿色建筑的发展还面临严峻挑战。

最后，政府的执行力度也相对不足，在国外如美国，绿色建筑是国家法律强制性规定，对不按规定者要追究刑事责任。我国的法律法规体系尚不健全，行政监管体系相对薄弱，激励性政策和行业标准还需进一步深化与加强。如我国绿色建筑标准的核心理念体现为"节约"二字，而忽视了对"舒适度""技术创新"的鼓励与引导，因此，还需以人为本，进一步加强政府执行力度与绿色建筑标准的定位。

（3）我国发展绿色建筑的目标与策略建议。据时任住建部副部长仇保兴介绍，我国提出了建筑节能发展两个阶段目标，即第一阶段：2002~2010 年，通过全面推进建筑节能和发展绿色建筑，城镇建筑达到节能 50% 的设计标准，其中各特大城市和部分大城市率先实施节能 65% 的标准；开展城市既有居住和公共建筑的节能改造；大城市完成改造面积 25%，中等城市完成 15%，小城市完成 10%；第二阶段：2010~2020 年，实现大部分既有建筑的节能改造；新建建筑东部地区实现节能 75%，中部和西部地区争取实现节能65%①。2012年3月29日，在第八届国际绿色建筑与建筑节能大会暨新技术与产品博览会上，仇保兴作了《我国绿色建筑发展和建筑节能的形势与任务》主题报告，全面而详尽地阐述了我国在绿色建筑及建筑节能方面取得的成绩，以及"十二五"期间将实施的一系列措施与规划。他指出2011年我国启动公共建筑节能改造重点城市示范，首批深圳、重庆、天津三个城市的改造面积预计将超过1200万平方米，到2015年，重要城市公共建筑单位面积能耗下降20%以上，要推动保障房建设率先执行节能与绿色建筑标准。深圳、厦门等地已率先提出新建保障房全部为绿色建筑，到2014年，所有直辖市、计划单列市及省会城市建设的保障房将全部实施绿色建筑标准。2017年年初，中国政府公布"十三五"节能减排工作方案，计划在2020年之前实现绿色建筑占新建建筑的比率达到50%的目标。不难预期，中国对绿色建筑技术的需求将在未来几年内迅速增长，绿色建筑行业发展潜力不容忽视。

依据对我国绿色建筑未来的发展目标以及绿色建筑发展过程中的种种问题综合考量，现简要提出我国发展绿色建筑的四点策略建议。其一要加强完善绿色建筑法规体系，可参考西方国家的实施标准，加强和完善法律法规，将实施绿色建筑纳入法律体系之中，进行强制性规定。其二要增强国家政策层面的支持与推动，如为绿色建筑的评估与实践提供更多的财政支持与税收优惠，在国外，政府的扶持是绿色建筑的重要力量，如在政府办公楼和公共建筑领域大力倡导绿色建筑等。因此，要进一步扩大绿色建筑示范作用，将强制性的法律法规与柔性的财政税收激励政策相结合，做到刚柔并济、软硬兼施、赏罚分明，以此来促进绿色建筑的发展。其三要完善我国绿色建筑评价标准体系。从全寿命周期角度即包括从原材料开采、运输与加工、建造、使用、维修、拆除等各个环节细化评估标准的制定。其四要促进经济效益的最大化。房地产商作为理性的"经济人"，获取利润是促使他们积极投入绿色建筑实践的根本原因，因此，抛开利润仅仅讨论社会效益与环境保护是不现实和不切实际的。只有正视和发掘绿色建筑中的经济效益，才能有效推动绿色建筑的发展。可通过技术革新与产品升级等方式降低投资造价，使用先进的绿色建材技术，因地制宜，更多地利用自然景观与自然资源，减少资源

---

① 仇保兴. 中国绿色建筑发展的四大策略 ［C］. 2006年绝热隔音材料轻质建筑板材新技术新产品研讨会，2006.

能源消耗与浪费，从而降低成本，获得更多利润。同时政府还应加强对全社会绿色观念的宣传与教育普及，大力推进绿色建筑及其相关产业及服务业的发展。

2. 我国绿色建筑评价体系的发展

我国发展绿色建筑时间较晚，20 世纪 80 年代末期，随着生态危机加剧和建筑能耗问题逐渐尖锐，绿色建筑观念开始进入我国。此后我国便开始了漫长的绿色建筑发展探索之路，我国的绿色建筑评价体系在摸索中不断进步。1994 年，《中国 21 世纪议程》发布，1996 年《中华人民共和国人类住区发展报告》出台，2001 年，我国学者与研究人员在广泛研究世界各国建筑评估体系基础上，结合我国特点，于 2001 年 9 月完成了"中国生态技术"评估体系的制定，出版了《中国生态技术评估手册》，先后三批对 12 个住宅小区的设计方案进行了评估，并于 2002 年、2003 年对其加以完善。2002 年，在国家科技部、北京市科委与北京奥组委的领导与支持下，由 9 个单位联合共同为绿色奥运建筑标准与评估系统进行了研究，"绿色奥运建筑评估体系"研究正式立项。2004 年，我国"绿色奥运建筑评估体系（GOBAS）"正式确立。2006 年，我国建设部颁布了《绿色建筑评价标准》，从六大技术体系对住宅与公共建筑进行考核，即节地、节能、节水、节材、室内环境质量与运营管理或全生命周期综合性能等，称之为"四节一环保"。并根据考核内容对其六个方面执行标准情况予以判定，对六个方面的权重系数选择适宜的数据，最后予以归纳评价，规定绿色建筑等级由低至高分为一星级、二星级和三星级。审定的项目由建设部发布，并颁布证书与标志。

我国的《绿色建筑评价标准》在整体框架上借鉴了美国的 LEED 评价标准，但在具体内容和评分机制、评价方法等方面与 LEED 又截然不同。二者之间的简要对比如表 5 - 6 所示。

2007 年，我国《绿色建筑评价技术细则（试行）》与《绿色建筑评价标识管理办法》出台，标志着我国绿色建筑评价体系初步形成。2008 年，我国绿色建筑评价标识管理办公室成立，主要负责绿色建筑评价标识的管理工作，此后《绿色建筑评价细则补充说明（规划设计部分）》也随之颁布。2009 年，我国《绿色工业建筑评价标准》编制工作开始启动，2010 年《绿色办公建筑评价标准》编制工作也着手进行，我国绿色建筑评价体系框架基本确立。2011 年与绿色建筑相关的会议不断，各省市有关绿色建筑的文件陆续出

表 5 - 6   我国《绿色建筑评价标准》与美国 LEED 评价标准的比较

项目	美国 LEED 评价标准	中国《绿色建筑评价标准》
特点	具有透明性和可操作性 指标要素考虑了可持续的要求 对管理方面的规划、方案要求较高	重点突出"四节"和"一环保" 定性与定量相结合 体现过程控制
评价对象	新建和已建的商业住宅、公共住宅和高层住宅建筑	住宅建筑和公共建筑中的办公建筑、商场建筑和旅馆建筑（如果是新建建筑，要求使用一年后才能进行评价）
评分机制	共 69 个得分点，分四级： ①通过，26～32 分； ②银奖，33～38 分； ③金奖，39～51 分； ④白金，52～69 分	绿色建筑必须满足控制项的要求。按照满足一般项和优选项的程度，绿色建筑被划分为三个等级

资料来源：根据两国评价标准比较分析得出。

台实施，仅 2011 年度，住建部就公布了 23 批绿色建筑评价标识，表 5 - 7 是我国 2011 年度第 19 批绿色建筑评价标识项目，确认了世博中心等 11 个项目的绿色标识及等级。

表 5 - 7   2011 年度第 19 批绿色建筑评价标识项目

项目类型	编号	项目名称	申报单位	标识星级	标识类型
公共建筑	1	世博中心	上海世博（集团）有限公司	三星	运行标识
	2	南市发电厂主厂房和烟囱改建工程（城市未来馆）	上海世博土地控股有限公司	三星	
	3	世博会最佳实践区沪上生态家	上海市城乡建设和交通委员会	三星	
	4	成都 ICON 创世纪广场	成都高新置业有限公司、中国建筑科学研究院西南分院	二星	设计标识
	5	邯郸市文化交流艺术中心	邯郸市城市建设投资有限公司	二星	
住宅建筑	6	成都华润置地二十四城四期	华润置地（成都）发展有限公司、上海市建筑科学研究院	一星	
	7	北京长阳镇起步区 1 号地 03 地块（1-7 号楼）及 10 地块（1-9 号楼）	北京中粮万科房地产开发有限公司、中国建筑科学研究院建筑设计院	三星	

续表

项目类型	编号	项目名称	申报单位	标识星级	标识类型
住宅建筑	8	昆明万科白沙润园一期 1－75 号楼	昆明万科房地产开发有限公司、深圳万都时代绿色建筑技术有限公司	三星	设计标识
	9	唐山市马驹桥保障性住房 A01 地块 Z1#－10# 楼	唐山市保障性安居工程投资建设有限公司	二星	
	10	邯郸市赵都新城 S5 地块 3#楼	邯郸市龙瑞房地产开发有限公司	二星	
	11	沧州津狮国际酒店 1 # 住宅楼	沧州贻成房地产开发有限公司	一星	

资料来源：住房城乡建设部建筑节能与科技司公示。

2012 年新春伊始，仅两个多月时间，住建部就陆续公开了三批绿色建筑评价标识。

总之，我国绿色建筑体系虽起步较晚，但发展迅速、成绩突出、未来发展潜力巨大，是我国绿色建筑发展的有力保证。但由于我国的绿色建筑评价体系起步较晚并未发展成熟，还不可避免地存在一些弊端，在评价标准体系的整体性、层次性等方面还需要不断地努力及改善。

在今后的研究中，首先，要科学地制定评价标准与规范，由于目前国内评价标准规范的编写队伍构成单一，主要是高校和科研所的专家，而实践工程人员参与较少，这样容易造成理论化与书本化的现象，因此，应扩大编写队伍，使编写人员多元化、实践化，还要及时更新和完善评价标准与规范，做到与时俱进，避免出现理论与现实脱节的问题，以便有效规范、指引绿色建筑的发展方向。其次，绿色建筑评价体系要进一步细化和完善。需进一步细分不同建筑类型的特点，针对不同类型建筑的评价指标体系作出更具有针对性的指标体系，绿色建筑评价方法要由定性走向定量，做到定性评价与定量评价相结合。最后，加快实行绿色建筑第三方认证制度的进程，绿色建筑评价要由阶段评价走向全生命周期评价。今后，应从重视建筑物规划设计阶段的评价走向基于建筑物全生命周期理念的全过程控制，并以此为原则修订《绿色建筑评价标准》《绿色建筑技术导则》等标准规范，完善绿色建筑规划、设计、施工、监理、检测、竣工验收、维护、使用、拆除等各环节的标准，以促进我国绿色建筑评价系统的发展①。

目前，绿色建筑的发展趋势也在从单纯的关注节能向节能 + 健康 + 舒适转变。中国建筑科学研究院副院长王清勤指出，人一天有 90% 的时间在室内生活，所以建筑和人息息相关。所以，健康的建筑是绿色建筑发展更深层次的需求。"中国绿色建筑的定义是在全生命周期内保护环境，为人们提供健康高效的使用空间。绿色建筑的健康性能包括声、光、热、空气品质等主要指标，而这些健康性能指标需要靠新标准进一步提升和约束。"

王清勤称，我国《健康建筑评价标准》已在 2016 年 11 月 30 日通过专家评审，它一共有六大指标，包括空气、水、舒适、健身、人文、服务，另外还有提高和创新，鼓励建设单位用创新的手段、创新的方法、创新的技术、创新的产品提高性能。空气包括污染源，减少污染源，对污染物浓度要有监控措施。舒适包括声环境、光环境、热环境、人体工程学。健身包括室内健身设施和室外健身设施、健身引导。人文包括交流、心理健康、建筑重要性。服务包括物业、公示、日常活动、宣传等。他指出"健康建筑的评价方式和国内的绿色建筑很类似，设为三个等级，包括一星、二星、三星。一星是 50分，二星是 60 分，三星是 80 分，先决项设置了 25 项，任何一项不满足都是没有资格参评健康建筑的。"

5.2 法律强制与经济激励双轨并重

5.2.1 我国法律法规建设

《中华人民共和国建筑法》是我国第一部建筑法规，在这之后，我国又先后发布了《中华人民共和国城乡规划法》《中华人民共和国能源法》《中华人民共和国节约能源法》《中华人民共和国可再生能源法》等 15 项与绿色建筑内容相关的行政法规；发布了《关于加快发展循环经济的若干意见》《关于做好建设资源节约型社会近期工作的通知》《关于发展节能省地型住宅和

---

① 陈柳钦. 绿色建筑评价体系探讨 [J]. 建筑经济, 2011 (6): 48 - 51.

公共建筑的通知》《节能中长期规划》等法规性文件①。还建立了国家和地方绿色建筑标准体系，主要包括已发布的与绿色建筑有关的技术标准与技术规范、绿色建筑评估体系、绿色建筑施工技术导则、绿色建筑评价标识与体系等。此外，还开展多项建设领域节能减排专项监督检查。节能减排专项监督检查主要包括建筑节能专项检查、供热体制改革专项检查、城市污水处理厂专项检查和生活垃圾处理设施运行管理专项检查。

总之，我国政策法规对绿色建筑可持续发展的影响力度还远远不够。20世纪90年代颁布的《建筑法》《节约能源法》都涉及建筑节能，但缺乏强制性规定，《建筑法》对建筑节能规定为"支持""鼓励"和"提倡"，没有具体条款来约束，《节约能源法》关于建筑节能的两条规定是近几年来全国实施建筑节能的根本依据，但这一规定过于笼统，缺乏可操作性，而且《节约能源法》的罚则部分并未规定法律责任②。2008年4月1日起施行的新修订的《节约能源法》有鼓励在建筑中应用可再生能源的规定，同样没有强制性规定。这些法律法规约束企业行为的效果并不明显。法律法规强制能给企业基本的约束，但要真正增强绿色项目的吸引力，低成本、高效率地推动绿色建筑技术的应用、创新及推广，需要设计科学合理的经济激励政策加以辅助。只有限制性政策与鼓励性政策并举，法律强制与经济激励双轨并重，才能使经济杠杆真正发挥向绿色建筑倾斜的作用，更有效地推动绿色建筑的发展。

5.2.2 我国绿色建筑经济激励体系的建立

1. 国外相关绿色建筑经济激励财税政策

目前，欧美等一些发达国家纷纷采取了对绿色建筑发展的鼓励政策，以促进房地产绿色营销的发展。如美国把市场引导放在更为重要的位置，大量采用经济激励措施推动建筑节能及绿色建筑的推广，如税收减免、抵押贷款、财政补贴等。德国积极发展低能耗和超低能耗的绿色建筑，采取了一些经济措施如提高年租金、低息贷款、税收政策等。加拿大政府通过各个组织代理

---

① 仇保兴. 国务院举行新闻发布会通报建筑节能大检查结果 [J]. 天津建设科技，2007（1）：13–13.

② 付毅刚. 浅议我国绿色建筑的发展 [J]. 常州工学院学报，2008（4）：25–27.

机构制定鼓励机制和津贴来进一步提升可持续发展建筑的地位。英国采取经济和政策的手段对绿色建筑进行扶持①，日本政府为了鼓励对新能源的使用，推行住宅用太阳能发电补助金制度，另外在保证生态空间、有效利用能源、废弃物处理、关心人的健康、材料的选择和规划方面都有一系列的政策和措施。目前部分发达国家绿色建筑激励措施②如表5-8所示。

表5-8   部分发达国家绿色建筑激励措施

序号	国家	具体措施	特色
1	美国	税收减免；抵押贷款；财政补贴	以判例法为主要形式
2	德国	提高年租金；低息贷款；税收改革	以成文法为主要形式
3	加拿大	援助手段；鼓励能源利用	通过各组织代理机构制定鼓励机制
4	英国	适当处罚；减免土地增值税；低息贷款	经济与政策手段并用
5	日本	专项补贴；税收减免；低息贷款	鼓励新能源使用

资料来源：苏明.中国建筑节能经济激励政策研究 [M].北京：中国财政经济出版社，2011。

国外绿色建筑经济激励的特点如下：一是制定行政法案和强制性行业规范。国外很多国家都通过立法手段来制定建筑业必须达到的最低标准。发达国家的建筑行业大多是由私有性质的协会来领导的，因此任何强制性的措施只有和自愿性很好地结合才是有效的。二是启用财政补贴、税收调节等经济杠杆。一些政府采取了必要的鼓励措施，补偿绿色建筑的初期投入是适当的。三是绿色建筑标志和建筑物的分级计划。很多国家开展了建筑物分级计划，用来区分各种建筑物的性能水平。四是吸引社会投资，建立示范计划。吸引社会资金参与绿色建筑计划，是把社会关注问题和个人价值有效整合的一种方式，降低发展绿色建筑中的不确定性和风险。

2. 我国相关绿色建筑经济激励财税政策

我国政策法规对绿色建筑可持续发展的影响力度远远不够，对于绿色建筑的地方配套性法规的制定也相对滞后，且多数法规只有强制性的法规要求，没有激励性的经济政策。我国相关绿色建筑经济激励政策包括2004年建设部制订的《全国绿色建筑创新奖管理办法》和《全国绿色建筑创新奖实施细

---

① 廖含文.英国绿色建筑发展研究 [J].城市建筑，2008（4）：8-12.

② 苏明.中国建筑节能经济激励政策研究 [M].北京：中国财政经济出版社，2011：166-173.

则》。2007 年我国又颁布了《绿色建筑评价标识管理办法》（试行）和《绿色建筑评价标识实施细则》（试行）。目前还有其他一些相关的激励政策正在研究之中。

此外，住房和城乡建设部设立了全国绿色建筑创新奖。绿色建筑创新奖分为工程类项目奖和技术与产品类项目奖，工程类项目奖包括绿色建筑创新综合奖项目、智能建筑创新专项奖项目和节能建筑创新专项奖项目；技术与产品类项目奖是指应用于绿色建筑工程中具有重大创新、效果突出的新技术、新产品、新工艺①，目前，已经成功评审并发布了两届绿色建筑创新奖。随着国家对建筑节能的日益重视，太阳能"强装令"等强制性政策措施不断在全国和各地出台，极大地推动了建筑节能的发展。除此之外，财政扶持政策也在酝酿之中。时任住房和城乡建设部副部长仇保兴曾经表示，中国的三星级绿色建筑标准一旦执行，这些建筑一是可以享受地方政府优惠，二是可以享受中央财政补贴，三是如果开征物业税，对三星级绿色建筑可以考虑减免。据仇保兴透露，国家正在考虑对绿色建筑进行专项补贴，其中对三星级绿色建筑，每平方米给予 75 元补助；对新建绿色建筑达到 30% 以上的小城镇命名为"绿色小城镇"，并一次性给予 1000 万～2000 万元补助②。"生态城最重要的标志就是 100% 的建筑都应达到绿色建筑的标准，中国近几年要建 50 个生态城市，远期上百个，它们作为绿色建筑的摇篮和基地将会发挥巨大的地区性示范作用，从质与量上保证绿色建筑整体飞跃性发展。"

总体来看，我国引导绿色建筑实践的政策法规缺乏可操作性，激励性的政策措施还在试点发展阶段，与发达国家在税收减免、加速折旧、低息贷款、现金回扣补贴、政府采购、抵押贷款、科研自主、资源协议等方面成熟完善的措施相比还有很大的差距。因此，国内绿色建筑经济激励体系的构建任重而道远，需要经过一系列探索、建立、规范、完善的过程才能真正建立起来。

3. 我国绿色建筑经济激励财税政策建议

第一，设立绿色建筑专项基金。财政专项基金是指由财政部门安排的具有专门指定用途或特殊用途的资金。鉴于发展绿色建筑的重要性及其在中国还处于最初的发展阶段，绿色建筑的市场化程度较低，资金缺口较大，因此，中央政府应设立绿色建筑专项资金，加大对绿色建筑的补贴力度与方式，直

---

① 张峰. 中国建筑政策保障体系简述 [J]. 时代建筑，2008（2）：38-41.
② 仇保兴. 从绿色建筑到低碳生态城 [J]. 城市发展研究，2009（7）：1-11.

接通过财政资金鼓励绿色建筑的开发与使用。该专项基金的具体使用方向如下。

首先，以科研经费的形式鼓励相关主体从事与绿色建筑有关的研究工作。一是研究绿色建筑技术，比如外墙外保温技术体系、可再生能源利用技术体系、非传统水源利用技术体系、节水绿化灌溉技术体系等，并形成绿色建筑技术目录；二是开发绿色建筑产品，比如节水器具、节能电器、Low-E 玻璃等，并形成绿色建筑产品目录；三是资助建立绿色建筑技术产品认证机构，认证机构根据产品检验结果和工厂审查结论进行综合评价，然后发布绿色建筑技术产品推荐使用目录；四是搭建绿色建筑技术产品推广平台，通过开展技术产品博览会、业务洽谈会等多种形式，推动绿色建筑技术产品的推广①。

其次，针对使用绿色建筑技术产品推荐使用目录的房地产开发项目，给予适当的贷款贴息、担保补贴等。

第二，充实已有的墙改专项基金，在资金使用上向绿色建筑倾斜。"墙改基金"是发展新型墙体材料专项基金的简称，它从 1986 年就开始设立了，2002 年经国务院批准，"墙改基金"被列入 26 项保留的政府性基金之一，这充分肯定了该基金在禁止使用黏土实心砖、逐步限制以黏土为主要原料的墙体材料、发展推广新型墙体材料方面的积极作用。

首先，继续保留、巩固墙改基金，并不断加大其支持力度。实践证明，墙改基金既是一种引导新墙材发展的经济调控手段，也是一种强有力的政策导向。未来我们应继续充实这项基金，不断做大、做实这项基金。

其次，严格执行墙改基金的征收和管理。作为政府性基金，除国务院、财政部规定外，任何地方、部门和单位不得减、免、缓征，以充分保证这项基金的顺利征收和工作开展。

最后，在资金上不断向节能、绿色建筑倾斜。征收墙改基金的目的在于增加使用黏土质墙材的成本，引导和支持非黏土质墙材的科研、生产和应用。墙体材料的更新换代需要大量的科研投入、生产和应用方面的试验性投资、广泛的宣传引导和政策补贴等，其资金的来源之一就是墙改资金。今后，这项基金应更多地向符合绿色建筑标准的墙体材料倾斜，以支持绿色建筑的发展。同时，绿色建筑作为低能耗的建筑，可以享受墙改基金的部分或全部

① Xinxue liu, A Research of Strategies of Developing Ecological Residence in China [J]. Asian Social Science, 2008 (7): 35 –41.

返还。

第三，在土地出让金上给予绿色建筑优惠政策。土地出让金是政府以土地所有者身份将土地使用权在一定年限内让与土地使用者时所收取的全部货币或其他物品及权利折合成货币的补偿。从性质上说，土地出让金是一种"租"收入，其高低与土地的用途、位置和土地出让年限紧密相关。土地出让金一般一次性支付。但有时因金额巨大、办理时间较长，也有多次支付形式。

由于绿色建筑的特征之一是节地，房地产开发企业开发绿色建筑会少交部分土地出让金。为进一步激励开发商节地，政府可以规定：开发商应交纳的土地出让金，可在节地带来的土地出让金减少的基础上再减征 50%。开发商每节约 1 平方公里的土地，可少交 1.5 平方公里的土地出让金。若房地产开发企业在建筑设计阶段较好地满足了绿色建筑设计施工要求，主管部门将降低一定额度的土地出让金。如果在建筑施工及建成后仍然能按照绿色建筑标准实施，并达到"绿色建筑星级标准"，主管部门将给予进一步的奖励，以此来鼓励和约束房地产开发商重视"节约土地"的要求。

第四，政府采购向绿色建筑倾斜。按照政府采购法的定义，政府采购是指各级国家机关、事业单位和团体组织，使用财政性资金采购依法制定的集中采购目录以内的或者采购限额标准以上的货物、工程和服务的行为。目前工程类采购还没有进入政府采购管理的范围，因此，未来应首先把政府采购扩展到公共工程，明确及细化采购要求。政府在推进、建设经济适用房时，要积极邀请绿色建筑开发商招标。在招标过程中，首先明确房屋在设计、施工、运营、管理等各个环节必须满足部分的绿色建筑要求，比如优先使用绿色建筑技术、产品等，同时，比较绿色建筑工程标底加上绿色建筑所带来的节能效益、环境效益、社会效益的数额和普通建筑工程标底大小，如果前者小于后者，则优先选用绿色建筑开发商进行绿色建筑开发[①]。

第五，税收优惠。税收优惠政策是重要的财政支持手段。如前所述，绿色建筑的研究、开发、销售、购买环节涉及多个税种。结合税制改革的总体方向，从政策的可操作性角度建议重点实施以下税收减免。

首先，减征契税。建议在绿色建筑需求端，即消费者购买环节给予适当

---

① 金占勇，孙金颖，刘长滨等. 基于外部性分析的绿色建筑经济激励政策设计 [J]. 建筑科学，2010（6）：57–62.

的契税优惠。

其次，减征营业税。建议在绿色建筑生产端，减免开发商所交纳的部分营业税。

最后，减征未来的物业税。尽管目前物业税尚未开征，但该税种的出台已明确被国务院列为相关工作目标。未来在开征物业税时，应充分考虑对绿色建筑的优惠减免。

总之，从中长期来看，市场的成长阶段可以从销售和竞争的增加得到明证，当所有竞争者都试图发现并满足市场的各个细节和部门时，市场就步入了成长阶段。当绿色建筑市场将由卖方市场转入买方市场，根据市场营销学"市场＝人口＋购买欲望＋购买力"的观点，此时制约绿色建筑市场的关键因素是人们对绿色建筑的消费需求和购买能力的大小，这要求绿色建筑开发商应该深入分析消费者的绿色建筑消费需求，深入挖掘绿色建筑概念，通过报纸、房展会、路牌条幅、互联网络、电视广播、宣传单页及业主联谊等各种形式宣传新兴建筑理念，满足并引导消费者的绿色建筑消费要求。在绿色建筑市场成长阶段，绿色建筑经济激励的主要机制应侧重于"以需求端激励为导向、激励力度逐渐降低"①。

当每个细分市场的需求都已被满足，而竞争者开始蚕食彼此的销售份额时，市场就进入了成熟阶段。在此阶段，市场成为决定绿色建筑产品供给和需求的唯一方式，政府需要做的重点是推动绿色建筑理念的升级和创新。因此，在绿色建筑市场成熟阶段，绿色建筑经济激励的主要激励对象应为规划设计单位、材料设备供应商、施工单位、监理单位、物业管理单位等绿色建筑开发辅助单位。根据绿色建筑开发辅助单位的反馈，制定更加详尽、严格的绿色建筑开发标准，形成全面、完善的绿色建筑监管制度。给予绿色建筑开发辅助单位的激励手段应侧重于研发奖励及补助的方式。

5.3　加强完善房地产宏观调控

尽管学者们对房地产业是否是我国支柱性产业还存在分歧，但其对促进我国国民经济发展的重大作用却毋庸置疑。近年来，我国房地产市场出现了

---

① 魏明侠，司林胜. 绿色营销绩效管理 [M]. 北京：经济管理出版社，2005：23－26.

囤房、炒房、房价虚高等一系列不良发展态势，极大地影响了我国国民经济的结构调整和社会的和谐与稳定。对此政府出台了一系列房地产宏观调控政策，誓将房地产业拉回到理性发展轨道①。

5.3.1 我国房地产宏观调控现状

中国住房市场货币化改革取得了丰硕的成果，改善了民众的居住条件，促进了房地产业及中国经济的蓬勃发展；但在经济繁荣的背后也带来了一系列的社会问题。近年来我国房地产市场乱象环生：房地产商夺地竞价、惜盘、捂盘、价格欺诈；投机商囤房、炒房、牟取暴利；消费者无力支付、透支还贷、苦不堪言；房价愈演愈烈、居高不下；房地产价格泡沫严重，已成为广大购房者心中不可承受之痛，这对社会的和谐稳定与国民经济发展产生不可估量的危害。对此，从 2004 年开始国家对房地产开始实施宏观调控策略，如"老国八条""新国八条""国六条"等。2010 年 4 月"国十一条"的出台，标志着我国新一轮的房地产宏观调控已开始向纵深发展，此后"限购""限贷"等政策的实施表明我国政府决心将房地产市场拉回到理性发展的轨道。从目前来看，这一轮的宏观调控还是卓有成效的。随着宏观调控政策的"重拳出击"，中国的房地产市场迅速"降温"，许多综合实力不强的中小房地产企业纷纷破产和退出房地产市场，大批房企快速消失。2011 年 12 月 19 日，北京市住建委发文称，北京东方时代房地产开发有限责任公司等 473 家房地产开发企业的资质证书，因有效期届满后未依法申请延续，根据有关规定工商营业执照已被注销。房地产中介也纷纷裁员、倒闭，商品房的成交量不断下降。据国家统计局 2010 年 11 月 18 日发布的 70 个大中城市住宅销售价格统计数据显示，2010 年 10 月 70 个大中城市房价平均环比指数年内首次出现负增长，平均环比下降 0.14%，其中一线城市房价环比全面下降，全国房价下降已从一线城市向二、三线城市蔓延，平均环比指数年内首次出现负增长，专家们纷纷预测房地产的"拐点"已然来到。在 2012 年春节期间北京市商品房被曝"零成交"，这虽然是媒体的误读（春节期间交易暂停），但节后交易市场还是分外清冷。由此可见这一波宏观调控的效果还是很明显的。

但是，也存在一些问题。一是房地产市场的商品房成交量虽然下降明显，

但房地产商品的价格总体降幅不大，虽然出现了"量价齐跌"的现象，但跌幅较小被有些学者称为"量跌价滞"，即房地产商品的价格水平还远远没有降到民众认可的程度。二是宏观调控对二、三线等中小城市的影响有限，目前在宏观调控的执行中对二、三线城市政策较为宽松，使二、三线城市成为投资性需求的乐园。房地产商们为了规避宏观调控的"寒冬"，纷纷转战中小城市市场，大型房企向二、三线城市挺进，使得投资和需求不断升温，使其房价出现过快上涨趋势，并导致普通购房者购房压力越来越大，危及全国房地产调控目标的实现，特别是影响到全国物价总水平的稳定，加剧我国经济发展所面临的通胀压力。三是尚未给广大刚需群众带来巨大的实惠。建行北京支行率先上调首套房贷利率至 1.05 倍，随后各银行纷纷跟进。截至 2011 年 11 月 17 日，14 个城市上调首套房贷利率，包括广州、深圳、上海、武汉等一、二线城市，首套房贷利率上调已呈燎原之势。银行首套房贷利率的上调造成了刚需群众买得起、贷不起的现象，极大打击了广大刚需群体正常合理的购房行为。随着国家宏观调控政策的实施，房地产价格的"拐点"已呼之欲出，给刚需群体购房带来了巨大的实惠与希望，然而随着首套房贷利率的上调，房价下跌的幅度和贷款利率上调相抵甚至不抵，加深了广大刚需群体的负担。

可见，我国房地产宏观调控策略并未彻底改变房地产市场的现状，而现在正是房地产宏观调控的攻坚和关键时期，能否坚持宏观调控的深入进行是本轮宏观调控成败的关键。时任总理温家宝曾经数次强调，要"坚持宏观调控政策不动摇"，这也重申了政府对房地产市场回归理性发展的坚定决心。在 2012 年 1 月 31 日召开的国务院第六次全体会议上，讨论《政府工作报告（征求意见稿）》时，温总理又一次指出，"要巩固房地产市场调控成果，继续严格执行并逐步完善抑制投机投资需求的政策措施，促进房价合理回归，采取有效措施增加普通商品房供给，做好保障性住房建设和管理工作。"从总理的讲话中可以得出当年政府对房地产宏观调控的重点方向。首先是明确了"一个中心"即政府对房地产宏观调控的态度是坚定的、在短时间内是不会动摇的。其次提出了对于房地产市场非理性状况的解决之道，即"两个基本点"，由于房地产市场现存的主要矛盾是由于囤房、炒房等投资投机行为导致的房价虚高与广大刚需群众经济支付能力不足的矛盾。因此，其一从打击、抑制投机投资行为入手，促进房价下降；其二从满足刚需群众住房入手，为中等收入人群提供较为充裕的房源，为低收入人群兴建保障房，做到"居

者有其屋"。其中"促进房价合理回归"中的"合理"二字意义不凡。由于
土地价格与原材料价格逐年上涨加之通货膨胀的压力使得房地产商品本身的
成本较高,其建设周期长、风险高,房地产企业作为追求利润的"经济人"
也要追求一定的利润空间,因此不能要求房地产产品的价格无底线地下降。
政府宏观调控的任务是挤碎目前房地产产品价格中的泡沫,消除房地产行业
的暴利,使房地产价格与居民的购买能力相适合,防止消耗刚需人群几代人
的心血和透支未来几十年的财富,引导其走入理性的发展轨道。总之,新阶
段政府宏观调控的政策是有抑有扬,有保有压,坚持一个中心不动摇,两个
基本点同时抓,从房地产市场主要矛盾入手,务必从根源上解决房地产市场
的乱象。

5.3.2　我国房地产宏观调控建议

结合前阶段房地产市场宏观调控的实践和国家宏观调控政策的重点,对
现阶段我国房地产宏观调控提出若干建议如下。

1. 控制房地产成本,废除"土地财政"

近年来,土地价格不断上涨,"地王"频现,地价驱动房价的现象愈发
严重。因此,房地产产品价格回归的一个重要前提就是土地价格的下调。土
地价格的飙升一方面是由于土地属稀缺型资源,价格必然会随着需求的增加
而逐步走高,但另一方面最重要原因是地方政府的"土地财政",在很多城
市,土地出让金是地方财政的重要来源。因此,废止土地财政,回到税收财
政是理顺房地产市场的起点。

首先,改革以 GDP 为地方政府政绩考核唯一标准的机制。建立综合性的
社会发展指标体系作为评价依据,从各地生产要素的整合水平、基础设施的
共建共享、重大民生工程的部署如保障房的实施情况和实施、环境保护和生
态修复的相关工作以及科技创新能力的提升等方面进行考核。这样可以避免
资源的浪费,防止地方政府为了拼业绩而过度依赖房地产的大规模建设,破
除土地财政的粗放式经济增长方式。

其次,改土地拍卖制度为土地竞标制度。我国现行的土地招拍挂制度造
成了地方政府对土地财政的依赖及与开发商的利益依存,地方政府成为一手
低价征地、一手高价卖地的"生意人",成了我国近年来以地方政府为主导
的违法用地案件愈演愈烈的主要原因。因此,必须对土地拍卖制度进行改革,

可以仿效工程的招投标方式，由政府对出让土地的价格、用途等做出规定后，采取公开招标的方式，设立包括该地建成后的房屋销售价格、交房标准以及该项目定位、容积率、绿化率、公共配套设施等基本规划建设指标的综合评比指标来公开选拔，改拼价格为拼服务，改拼经济实力为拼综合实力。

最后，加强对土地竞标过程的监管，对于土地出让金的使用，要增加公开性和透明性，公开使用明细，做到取之于地、用之于民，才能得到百姓的认可和支持。

2. 严厉打击和抑制投机投资行为

首先，加强对房地产行业的规范管理。目前，全国房地产企业数目众多，良莠不齐。近年来，房地产市场的高额利润吸引了其他行业的企业与个人纷纷涉足，据统计2010年，18个行业的1300多家上市公司中，有800多家涉足房地产开发，占总数的60.3%。更有些不具备房地产开发资质的企业在项目运营是采取挂靠方式参与其中。利润驱使下的盲目开发必将导致管理方面的严重问题，如"烂尾楼"，开发商"携款出逃"，轰动一时的"楼倒倒""楼歪歪""楼脆脆"等事件，使广大百姓蒙受巨大经济损失。加强房地产行业的规范管理，对新成立和进入的房地产企业资格进行全面考核，既是对广大民众根本利益的保证，又能对企业健康发展起约束和指导作用，杜绝"劣币驱逐良币"现象的发生。

一是规范企业新申报资质，严格市场准入和审批程序。按照《房地产开发企业资质管理规定》，严肃对房地产市场准入制度的管理，严格按照管理规定对新申报暂定资质开发企业的专业技术人员资格、注册资本、企业的结构等方面进行考核，对不符合的不予许可。且应建立有关房地产开发企业的管理体系考核制度，制定考核标准规范对新申报房地产开发资质的企业进行资格和管理体系的考核，使其走上正规化的管理道路。

二是健全质量安全监督体系。利用《建筑法》《招标投标法》《合同法》《建设工程质量管理条例》等建设工程法律体系对各类企业资质、工程招投标、施工图、审图、企业诚信等行为活动进行监控管理，确保房地产项目的成本、质量与进度。

三是在项目运营阶段，定期对现有的房地产开发企业进行管理模式、流程及运营方式等的审查。对实际运行开发项目中经常出现资金、质量问题的企业和那些常年没有开发任务、综合实力较差的企业应提出整改措施，并规定整改期限，整改期满考察仍不合格的，应按照《房地产开发企业资质管理规定》予以降级或注销资格证书等处罚。

四是加强对其相关联的行业如金融、建筑业等的监管，加强国土、建设等部门的沟通配合，形成监管合力。依法惩治房地产开发、交易、中介等环节的违法违规行为。

其次，看紧土地，加强对囤地、炒地等现象的管理。近年来，房地产企业囤地、炒地现象严重，据国家统计局的数据显示，2000～2009 年，全国房地产企业一共购置占地面积近 33 亿平方米土地，但同期完成土地开发面积仅有近 21 亿平方米，十年间闲置土地达到近 12 亿平方米，以人均 30 平方米的居住空间计算，这十年闲置的土地面积足够 1.2 亿人居住。此外，房地产企业还采用"捂盘""炒作"等方式，采取饥饿营销等欺诈手段，营造一种"买涨不买跌"的假象，造成买卖双方信息高度不对称，使购房者在房价处于高位时盲目买入，蒙受巨大的经济损失。2011 年 10 月在宏观调控实施后，北京、上海等一线城市纷纷出现的"房闹"现象正是这种情况导致的严重后果。因此，必须对房地产商的囤房炒地等欺诈现象进行严格管理。

一是要继续深入开展全国性的土地清查活动，加大清查力度和曝光力度，做到清查闲置土地、盘活存量土地，促进集约节约用地。建设用地档案数据库，对用地档案进行扫描建库，加强土地利用动态监管，建立完善的土地闲置预警机制。杜绝囤房、炒地现象的再次发生。

二是要在土地竞拍环节，应限制手中握有超出规定的闲置土地平方米数的房地产企业继续拿地；在土地持有环节，对土地闲置超过一定时限而不开发或开发量达不到标准的企业，收回其土地开发使用权；在项目销售阶段，要求房地产企业如实公开楼盘的数量、价格等，设立群众举报热线，对涉嫌采取捂盘炒作的房地产企业一经查实，处以巨额经济处罚甚至采取法律手段保护消费者的利益。

三是打击囤房、炒地，重在监管。近几年我国相继出台了多项打击囤地、炒地等违规现象的政策，但屡禁不绝、愈演愈烈的现象表明在监管上还存在漏洞，存在清查决心不强、监管力度不够等问题，还需进一步加强和管理。

最后，运用税收杠杆，遏制囤房、炒房等投机行为。

一是要加快房地产税的实施步伐。实施房地产税是我国遏制投机现象的一项有益尝试，它主要针对房地产保有环节征税，目的是使拥有多套住房的投机者持有房产成本大幅提高，使他们的投机收益锐减甚至为零或亏损，无利可图必然导致投机者的退出。理论上征收房地产税会极大弱化房地产的投资属性，从根本上打击和杜绝投机行为，因此，要加大力度建立成熟完备的、符合我国国情的房地产税税制体系；建立科学的监管体系保证房地产税实施过程中的公平、公正、公开；将房地产税税收使用透明化、公益化，做到"取之于民，用之于民"；对房地产税的实施程度进行科学控制，防止房地产市场崩盘。

二是要实施房地产交易税、交易个人所得税等。鉴于房地产税的大规模实施还需要一段时间的沉淀，由于房地产投机行为获利主要发生在流通环节，因此，目前可考虑在房地产商品的流通环节入手，提高房地产流通环节的交易税和交易个人所得税，挤压投机者交易中的利润空间，当利润很小或为零时，没有利益驱动的投机者自然会退出市场。

三是要试行房地产空置税。房屋空置率太高，不但浪费了稀缺的土地资源，造成公共设施与服务闲置以及资源享有的不公平，还会带来一系列社会问题。可借鉴英、法等国的实施经验，尝试对闲置房屋的业主（或地产开发商）征收房地产空置税，采取先试点再逐步推进的方式调控存量房。空置税的征收基础在于居民登记的数字化、实名制和系统化。因此，要在全国范围内建立联网的居民个人信息数据库，对居民的姓名、年龄、职业、住址和房产拥有情况进行真实的登记，对家庭第二套或以上房产的空置进行征税。

3. 加快完善保障房建设体系，分层次解决刚需群众住房问题

随着中国城市化进程的加快，越来越多的农村劳动力涌入城镇，据《中国流动人口发展报告2011》预测，2011~2020年，城镇将新增1亿多农村人口，使城镇人口超过8亿。不妥善解决城镇人口的住房问题，不利于社会的和谐稳定与经济发展进步。总的来看，目前城镇亟待解决住房问题的刚需人群可按经济支付能力大体分为三类：一类是具有一定购房支付能力的人群，他们有固定工作，但薪水不高、积蓄不多、经济能力有限，如刚步入工作岗位的大学毕业生、城市小白领、外来务工人员等；一类是完全没有购房支付能力的城镇低收入底层人群，包括下岗职工、失业人员等，他们的经济来源有限，收入增长缓慢，生活负担较重，无力承担购买房产的费用；还有一类是经济能力处于以上两类之间的人群，俗称为"夹心层"，他们是游离在保障与市场之外的无能力购房群体的代名词。在实践中，我们应针对不同层次的刚需人群采取不同的帮扶政策。

首先，扩大供应，降低首套房贷款利率，鼓励刚需群众合理的购房需求。针对具有一定购房支付能力的刚需群体，他们拥有实现购买住房的潜质和资源，因此，对此部分人群应采取鼓励政策，创造条件使他们早日实现购房梦想。其一，可考虑增加市场上普通房地产商品房的供给，保证充足的房源满足需求。由于近年来严格的宏观调控政策，各大房地产企业都遭遇"寒冬"，资金链趋紧，暂缓了拿地和开发新项目的动作，因此可考虑监督各房产企业对囤积的闲置土地进行开发以满足目前需求；其二，要适当降低首套房贷款利率，由于贷款购买首套房的人群基本上都是社会中低收入群体，是百姓利益的忠实代表，因此贷款利率应给予一定优惠以满足刚需群体的合理购房需求，可以适当调高第二、第三套房贷款利率以打击房产市场中的投机投资者。

其次，大力兴建保障房，满足低收入与"夹心层"刚需群体。针对城镇的低收入和"夹心层"刚需群体，可以通过保障房的建设来满足其"居者有其室"的需求。目前我国政府对这一重大民生工程非常重视，正在大规模实施全国性保障性安居工程建设。

一是拓宽保障房建设的融资渠道，除了依靠中央财政下达的补助资金和各级的配套资金以外，要通过金融创新多方面搭建融资平台，多渠道筹措资金，用好信贷、财税支持政策，可以借鉴在美国成功解决了廉租房融资问题的房地产投资信托基金（real estate investment trusts，REITs），积极发展中国本土的房地产投资信托基金市场，来解决保障性住房，尤其是"两租房"融资难的问题。

二是应完善保障房的配套监管工作，切实到各地的监督落实情况，检查严格的开竣工日期，在保障房的建设过程中，国家应定期重点检查其形象进度与计划工期是否相符，确保工程的完成质量。应建立科学的监督体制，做到申请人资料公开，完善群众监督投诉体系，对保障房资格造假、骗购骗租分配乱象予以严惩。

三是对低收入群体，可以向他们提供大量的廉租房以满足正常的居住需求。对"夹心层"，可采用大力发展公租房的方式，作为一种过渡性保障方式。使广大低收入人群可以享受到廉租房的优惠政策，满足居住需求；使城镇"夹心层"刚需群体，能够申请公租房的居住权，在没有能力购买商品房前，也能体面、安稳地生活，经过努力后将来也能购买属于自己的商品房。

总之，我国房地产宏观调控政策的趋势如下：第一，房地产宏观调控机制向长效化转变。房地产市场应坚持宏观调控政策不动摇，防止出现报复性反弹现象。但以"限购""限贷"等行政手段进行调控的方式将逐渐被经济、金融等手段所取代，因为长期的行政调控会极大扭曲市场的供需信息，造成判断失真与社会资源的浪费，这违背了市场经济的原则。因此，未来的宏观调控手段会以税收、利率等财税手段为主，促进房地产市场健康发展。第二，房地产宏观调控政策向精细化发展。在总结现阶段宏观调控政策的经验和不足后，未来的调控政策将进入"微调"，在实践中对宏观调控的各个层面进行不断的修正与完善，在抑制投资投机性需求的同时保护刚性消费需求，做到在调控下调整，在调整中优化。最终实现房价的合理回归，做到"国有广厦千万间，大庇天下百姓俱欢颜，风雨不动安如山"。

5.4　本章小结

本章从政府的视角下提出了我国现阶段发展房地产绿色营销的宏观策略。首先，回顾了国内外建筑认证体系的发展，提出要加快发展绿色建筑，完善绿色建筑认证体系。其次，梳理了近年来我国关于环保、绿色发展的法律法规建设，开展完善法律法规的探索，刺激与鼓励房地产绿色营销的发展，倡导法律强制要与经济激励双轨并重。最后，针对我国房地产市场现阶段调控现状，提出要加强和改善房地产宏观调控措施的建议，如要控制房地产成本，废除土地财政；严厉打击和抑制房地产投机投资行为；加快完善保障房建设体系，分层次解决刚需群众住房问题等现实对策以促进房地产业健康绿色发展。

第6章 企业视角下房地产绿色营销策略研究

6.1 房地产企业绿色营销策略研究

房地产绿色产品是房地产绿色营销的首要因素，也是房地产企业绿色发展的基础和保证，是房地产绿色营销中最基本和重要的内容。运用产品整体理论对房地产绿色产品的层次进行划分，不仅可以对房地产绿色产品有清晰和深入的把握，更有利于房地产企业针对房地产绿色产品的不同层次，形成相对恰当的绿色营销策略，以扩大市场份额，促进销售，增加利润。

6.1.1 房地产企业绿色产品层次分析

1. 产品整体模型

产品整体概念的主要内容随着营销理论的发展而不断丰富与完善。贝内特（Bennet）曾提出三角形两层次模型，库尔茨和布恩（Kurtz and Boone）提出过正方形两层模型，莱维特（Levitt）也曾提出产品整体的四层次模型。但最有影响力的还是科特勒（Kotler）的三层次结构模型，将产品划分为核心产品、形式产品和延伸产品三个层次，在过去相当长的一段时间内被理论界所采用。近年来，以科特勒为首的北美营销学家提出了五层次的结构模型，如图6-1所示，是对之前三层次模型的扩展和补充，已被广为采纳。

科特勒认为，产品层次是从满足客户需要的角度对所提供的服务进行的

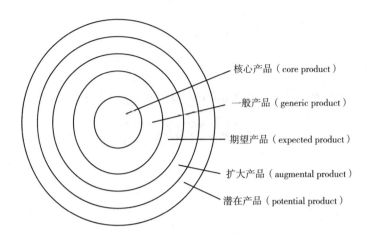

图6-1　科特勒产品整体五层次结构模型

资料来源：科特勒的产品整体层次模型分析。

划分。他认为，任何产品都应包含以下五个层次。

核心产品层：指消费者购买某种产品时所追求的利益，即顾客真正要购买的服务和利益，核心产品层在产品的整体性概念中也是最基本和主要的部分。

一般产品层：满足消费者核心利益的物质表现形式，也是产品基本的有形形式，是核心利益借以实现的形式。

期望产品层：符合消费者喜好的，包括价格、方便性以及产品功能表现等各个因素，也就是购买者购买产品时期望的一整套属性和条件。不同的人对同样的产品期望不同。

扩大产品层：包括供应产品时所获得的全部附加信息和利益，包括送货、维修、保证、安装、培训、指导及资金融通等，还包括企业的声望和荣誉。

潜在产品层：指此种产品最终可能的所有的增加和改变，是企业努力寻求的满足顾客并使自己与其他竞争者区别开来的新方法①。

2. 房地产绿色产品的层次划分

房地产产品是指用于满足人们对生活、工作、生存、获利需要和欲望的人造空间环境内外所有物质或非物质的东西，包含了房地产产品实物、各种

---

① 德尔·霍金斯，戴维·马瑟斯博. 消费者行为学 [M]. 北京：机械工业出版社，2009：57-63.

关联的服务即有整体产品的特征①。房地产绿色产品不仅仅是绿色设计、工艺、材料的简单组合，而是在以实现可持续发展的理念下，在整个项目生命周期内，包括规划、设计、建造和运行中的整体全面系统。

根据产品整体五层次结构模型，房地产绿色产品可被分为五个层次，其内在层次与外在表现如表6－1所示。

表6－1　　　　　　　　　　房地产绿色产品层次划分

层次	内容	外在表现
1	核心产品层	安身立命、挡风遮雨、安全舒适等
2	一般产品层	外观、构造、材料、色彩、结构、户型、质量、品牌等
3	期望产品层	房屋质量良好、户型合理、材料环保、价格公道、式样美观、水电气设施完备、开发品牌著名
4	扩大产品层	社区环境、交通状况、配套设施、物业服务、教育资源等
5	潜在产品层	住宅及小区的各项节能减排措施、居民更健康优质的生活等

资料来源：根据科特勒的产品层次模型分析整理。

第一层次是核心产品层，是客户真正需求的核心价值，是抽象概念。对于房地产绿色产品而言，即消费者的居住需求：安身立命、挡风遮雨、安全舒适等。

第二层次是一般产品层，是核心产品的物质载体与外在表现。在房地产绿色产品中表现为房屋的外观、构造、材料、色彩、结构和户型等。

第三层次是期望产品层，即消费者在购买时期望获得的一般产品的完善。如良好的施工质量、合理的户型结构、美观环保的建筑材料、合理的水电气设置、完备的网络电视设施和严密的安全防护措施等。

第四层次是扩大产品层，或延伸产品层，即购买产品时可获得的附加服务与利益。包括良好的社区环境、便捷的交通运输、成熟的配套设施、优质的教育资源和贴心的物业服务等。

第五层次是潜在产品层，是企业努力进行差异化经营的新方法。如新型节能减排措施、绿色社区的建立等。

总之，房地产绿色产品层次也是在消费者满意战略的导向下划分的，由

① 李东. 房地产市场营销 [M]. 上海：复旦大学出版社，1999：25－28.

核心产品到潜在产品，消费者的追求与期望在逐步递增，从关注产品的功能、价格、质量、式样等有形物品转而关注服务、环保、可持续发展等扩大产品与潜在产品。具体而言，当消费者选择和消费房地产产品时，首先必须具有能够满足其自身需要的使用价值，即核心利益，然后追求具备使用价值的外在表现即房地产实体，也是一般产品；在寻找和选购过程中，逐步形成了对产品属性和功能的认知与生理需求，即期望产品，如果房地产产品高于消费者的心理认知与预期，则表现为消费者满意，反之，则产生抱怨或消极影响。在消费者选择房地产产品时，还会考虑到一些附加价值如社区、交通、各种资源、物业等因素，即所谓的扩大产品。最后在购买房屋时，还会考虑将来可能的趋势，如绿色社区、节能减排措施带来的更健康、更经济和更优质的生活，实现可持续发展等。

房地产绿色产品的划分体现了由"卖方"市场向"买方"市场、由企业导向向顾客导向的转变。将企业产品的设计与开发、顾客的选购与消费相联系，实现了产品从形式到内容，从使用价值到消费体验的高度统一。帮助房地产企业在绿色产品开发中，以顾客为导向，处理好产品内涵与价值的形成过程与消费者使用的双向互动关系。

美国著名犹太裔人本主义心理学家马斯洛（Maslow）的层次需求理论将需求分为生理需求、安全需求、社交需求、尊重需求与自我实现需求①。在一定程度上反映了人类行为和心理活动的共同规律，基本符合人类需求发展的规律。目前，随着科技进步和社会发展，人们物质生活水平提高伴随着精神追求的提升，愈发关注人类与社会的可持续发展，我国虽是发展中国家，底子薄基数大，但近几十年的飞速发展也是国际社会有目共睹的。我国人民的生活水平逐步提高，人民幸福指数也不断攀升。已经有大部分人渡过了"生理需要""安全需要"和"社会需要"，进入了"尊重需要"和"自我实现"的时代。产品的生命周期理论即验证了层次需求理论，产品之所以步入衰退期主要是因为到了一定阶段以后人类有了更高层次的追求，原有产品已不能满足人们需求的变化。如今传统建筑已由成熟期逐步迈入衰退期，全世界都在大力发展绿色建筑以满足人们对健康居住环境和可持续发展的追求。因此，在我国开发房地产绿色产品、打造绿色住宅是具有历史必然性和实施可能性的。房地产企业绿化已刻不容缓。

---

① 菲利普·科特勒. 营销管理（第十一版）[M]. 上海：上海人民出版社，2006：216–218.

6.1.2 基于产品层次的房地产企业绿色营销策略

房地产绿色营销不仅包括房地产绿色产品的设计、生产、促销及销售等，还包括售前、售中、售后等一系列承诺与服务的集合，是有形与无形、产品与服务有机结合的整体。房地产绿色产品的核心产品，是其最基本的且任何开发商都能向消费者提供的使用价值。因此，为了拓展思路，差异化经营，房地产企业应从其他四个层次上采取相应的营销策略。

1. 基于一般产品层次的营销策略

第一，房地产绿色产品的绿色设计，又称为"可持续设计"或"生态设计"，是一种设计现实物体达到经济、社会和生态可持续发展的艺术①。它是绿色建筑的向导，根据美国绿色建筑委员会（USGBC），其"核心目的就是转变建筑物和社区设计、建造和运行的方式，使之成为对环境和社会负责的产品，创造健康、繁荣的环境以改善生活的质量"（USGBC，2007）。绿色设计一方面是指以可持续发展为目标，将环境因素和防污排污措施纳入产品设计的考虑范围之内，实现产品的环保、节能、可拆卸、可回收等环保目标，另一方面是指结构与空间设计的合理化与人性化，因地制宜，以最少的投入获得最合理、最节能的产品。在设计阶段，对产品实施生态和环境效益的考量，能有效提升产品生命周期的资源利用率，把污染和消耗降至最小②。

对房地产企业而言，在房地产产品的设计上，要充分利用自然资源，将绿色理念融入设计之中。要从能源系统、水环境系统、气环境系统、声环境系统、光环境系统、绿化系统、废弃物处理及生态建材系统八大系统进行全面的绿色设计。

第二，进行绿色施工。绿色施工是指在工程建设中，在保证质量、安全等基本要求的前提下，通过科学管理和技术进步，最大限度地节约资源并减少对环境负面影响的施工活动，实现节能、节地、节水、节材和环境保护③。

房地产企业推行绿色施工，首先要推广绿色建材的使用，从源头上推进

① Audrey Gilmore, David Carson, Lyn Fawcett, Mario Ascencao. Sustainable Marketing——The Case of Northern Cyprus [J]. The Marketing Review, 2007 (2)：113–124.

② Kilbourne, W. Green Marketing：A Theoretical Perspective [J]. Journal of Marketing Management, 1998 (6)：25–29.

③ 闵小波. 绿色施工在我国建筑业的应用探讨 [J]. 现代商贸工业, 2010 (13)：365–366.

施工的绿色发展。在材料的选择上采用一些清洁技术生产的、无毒害、无污染、无放射性且在生命周期末端可再次回收利用的建筑材料，如应用节能、低污染的水性涂料、粉末涂料、高固体含量涂料、核辐射固化材料等；采用高性能的混凝土材料，利用废弃混凝土生产的绿色混凝土、加气混凝土、合成纤维混凝土等；应用绿色的墙体材料，如利用混凝土、水泥、砂等硅酸质材料，再掺杂部分粉灰煤、炉渣等工艺废料或经过压制、烧结、蒸压的建筑垃圾等。

其次，要运用绿色施工工艺，摒弃过去高排放、高污染的工艺方法，保护资源、提升资源的利用率，如基坑施工封闭降水技术，施工过程水回收利用技术，预拌砂浆技术，外墙自保温体系和工业废渣及（空心）砌块应用技术，粘贴式外墙保温隔热系统施工技术和外墙外保温岩棉施工技术，现浇铸混凝土外墙外保温施工技术，硬泡聚氨酯外墙喷涂保温施工技术，铝合金窗断桥技术，太阳能与建筑一体化应用技术，供热计量技术，建筑外遮阳技术，植生混凝土技术等①。

再次，实施绿色施工的科学管理体系，保证施工质量。可参考如图 6 - 2所示的汤姆（Tom. C. M）教授设计的绿色建筑施工流程图来完成绿色施工的过程设计。

最后，对绿色施工进行绿色验收。建筑工程验收设计到建筑材料、工艺过程、整体验收等，通过成立评估小组对绿色施工方案至实施过程进行全面综合的评估。

第三，创绿色品牌。如今房地产市场已经由卖方市场转变为买方市场，过去那种"皇帝女儿不愁嫁"，房地产商只需建个售楼处，就会人山人海连夜排队购买的场景已成为明日黄花，一去不复返，市场已趋于理性化。买方市场导致卖方之间即开发商之间展开激烈的竞争，而营销则是房产竞争的重要手段，是成功的先决条件，新形势下实施营销创新势在必行。

开发商要充分认识到房地产暴利时代的终结，房地产业已进入新的历史发展时期，要积极配合国家调控政策，既追逐利润又勇于承担责任，加强质量管理，做好市场营销创新。实施营销理念创新，谋求企业的长期利益与可持续发展。21 世纪是全球绿色经济发展时代，促进绿色发展是生态文明企业谋求生存和发展的必然选择，在我国创建两型社会和发展低碳经济的背景下，

---

① 肖绪文.《建筑业 10 项新技术》（2010 版）创新研究综合分析［J］. 施工技术，2011（3）：1 - 4.

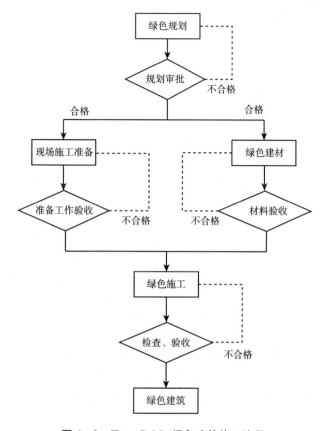

图 6 – 2　Tom C. M. 绿色建筑施工流程

资料来源：汤姆教授的绿色建筑施工流程图。

只有房地产企业坚持绿色发展的方向，才能促进企业可持续发展。

2. 基于期望产品层次的房地产绿色产品营销策略

期望产品是消费者在购买时期望获得的一般产品的完善，是消费者对产品功能和属性的预期。如果现实产品的功能和属性高于消费者的心理预期，则表现为消费者满意，继而促进消费者忠诚；反之，则会产生抱怨或消极影响。目前，由于市场竞争的激烈，企业间的较量已不单单是产品之间的竞争，更是与产品配套服务与客户资源的竞争，能否留住客户、促进客户忠诚是企业面临的重要问题[①]。全球权威调查机构阿伯丁公司（Aberdeen Group）调查

---

① Karna, J. Hansen, E. Juslin. H, Seppala. J. Green Marketing of Softwood Lumber in Western North America and Nordic Europe [J]. Forest Proucts Journal, 2002 (2): 34 – 40.

研究表明有93%的 CEO 认为顾客管理是企业成功和更富有竞争力的最重要的因素。《哈佛商业评论研究》认为，顾客的忠诚度提高5%，利润的上升幅度将达到25%～35%。因此，提升消费者的满意度，使房地产产品的功能与属性超过消费者预期的营销策略对房地产企业的发展至关重要。

顾客满意是指顾客对其明示的、通常隐含的或必须履行的需求或期望已被满足程度的感受，反映的是一种心理状态，"满意"并不是一个绝对的概念，而是相对的概念。能使一个顾客满意的产品，未必会使另一个顾客满意；能使顾客在一种情况下满意的产品，在另一种情况下未必能使其满意。只有对不同顾客群体的所有满意度要求非常了解，才有可能实现百分之百的顾客满意。但这在实际上是不可能的，因此我们并不是绝对追求顾客满意的最大化，而是要在总资源一定的限度内，在保证其他利益相关者至少能接受的满意水平的前提下，尽力提高顾客的满意度。

顾客的基本需求主要包括对品质、功能、服务、价格等的需求，因此，要提升顾客的满意度，需从以下几个方面做起。

首先是绿色房地产的品质，即绿色住宅的性能、使用寿命、可靠性、安全性、经济性等，都要具有节能环保的品质保证，房地产企业可以通过获取国家绿色建筑认定标识来建立消费者的信赖，可以采用具有绿色品牌的建筑材料以保证房屋质量①。要对绿色住宅的外观精心设计，类似于给房地产产品加上"绿色包装"，美观大方的外观是满足消费者除物质需要之外的精神需求。其次，要保证户型设计科学合理，最大化房屋使用面积的利用效率，房屋的水电气设备完备，满足消费者的使用需求。再次，要在售出绿色住宅和维护绿色住宅的运营中始终坚持以人为本的理念，努力为消费者提供绿色服务，如在销售时友好地问候顾客、真诚地赞美顾客、及时反馈顾客的意见并进行持续改进等。在售后要保证向消费者提供绿色的物业服务，满足人们的服务需求和心理与文化的需求②。最后，要制定绿色价格满足消费者对绿色产品的需求。房地产绿色产品的成本由原有成本与生态成本构成，其中生态成本包括自然资源本身的价值、消除污染的环境成本、引进环保技术与设备材料的成本以及因减少或不使用可能造成污染的原材料而导致的机会成本。它的内容主要遵循"环境和资源的有偿使用"及"污染者付费"两个原则。

---

① 叶剑平，孙晓岚. 房地产营销 [M]. 北京：首都经济贸易大学出版社，2006：33－37.
② 朱成钢. 绿色消费驱动下的绿色营销策略及其启示 [J]. 商业经济与管理，2006 (11)：48－51.

房地产绿色住宅的价格由于包含了生态成本，并将其大量地转嫁到消费者身上，因此，理论上要高于根据传统定价法的同类住宅的价格。价格相对高昂的绿色住宅一方面满足了部分消费者追求生态、健康的生活理念，另一方面使一部分价格敏感的消费者望而却步。因此，需合理地制定绿色住宅的价格，以满足不同消费者的需求，如尾数定价、声望定价等。还可以对消费者实行价格歧视，因为不同收入层次的消费者，对收入水平与产品价格呈负相关的需求弹性，即收入水平越高，对价格越不敏感，因此，房地产企业可针对不同收入阶层消费者的需求弹性，根据产品的变动成本来分组定价，采用多种价格水平进行销售。此外，在绿色营销的促销中，无论是在绿色广告还是宣传中，要始终坚持将消费者的利益放在首位，要重点强调绿色住宅对人身心健康发展的益处，而不是绿色住宅对环境和生态可持续发展的贡献，否则就犯了"绿色营销近视症"，即只关注产品的特色和优点而忽略了消费者的感受与需求①。因为消费者的安全健康与其自身利益紧密相连，绿色住宅的这一属性使其需求强度加大，需求弹性减小，消费者可能愿意为此支付较高的价格，而绿色住宅对于环境和生态的益处具有外部性，属于公共产品范畴，消费者一般不愿意为此支付额外的绿色成本。总之，在期望产品层次，房地产企业应始终坚持以人为本，努力实现顾客满意，在对房地产绿色产品的功能与属性、价格、服务、促销等方面满足并超越消费者的心理需求，达到消费者满意和消费者忠诚。

3. 基于扩大产品层次的房地产绿色产品营销策略

扩大产品层次又称为延伸产品层次，指购买产品时可获得的附加服务利益。对于房地产绿色产品而言，包括良好的周边配套设施、绿色物业服务等。随着人们对健康绿色生活的追求，人们对居住质量的要求不仅体现在对所购房屋本身的硬件实力，如质量、户型、设施等非常重视，更体现在消费者对地段交通、物业管理、生活配套、教育配套和人文环境等的软实力因素上。生活配套设施的全面与否关系着业主的居住便利性与生活质量。对于绿色房地产企业而言，绿色房地产产品的含义不仅仅局限于绿色住宅的设计、建造，更体现在绿色小区的综合配套、绿色物业的贴心服务以及绿色健康的人文环境上。因此，在项目的选址阶段，应注重周边的交通情况，尽量选择交通便

---

① Lynette Knowles Mathur, Ike Mathur. An Analysis of the Wealth Effects of Green Marketing Strategies [J]. Journal of Business Research, 2000 (50): 12 – 16.

捷、交通工具齐全的地段；在生活配套上，选择区域整体配套环境成熟的地段，将小区配套与区域配套有机结合；在教育配套上，应重点关注，尤其是区域内学前和义务教育阶段的配套设置。因为目前我国学前与义务教育阶段的资源分布并不平均，拥有较好的教育资源可以节省大量的时间与金钱成本，这也成为目前人们购房选择时的一个重要考虑因素。随着消费者绿色需求的不断增加，绿色物业管理与服务也成为消费者关注的内容之一。绿色物业是一种健康的物业消费观念，是在"以人为本"的前提下，追求人与自然的和谐共生，是应用现代的科技手段和先进的文化理念为居住者提供人性化的健康居住环境，是一个多项指标的组合体，而且有较高的科技含量。在面对不同的消费群体和市场定位时，其技术含量也应该有所区别①。绿色物业管理与服务首先要重点治理并降低与物业相关的环境污染，如水、空气、固体废弃物等，其次要优化物业生产工艺流程及降低能源如水、电、燃料等的消耗，要建立绿色生态小区、创建绿色生活环境、保证公共设施完好、加强消防管理和治安管理工作，提高业主的生活质量；要倡导节能减排、保护自然的新型人文环境。

4. 基于潜在产品的房地产绿色产品营销策略

潜在产品是指产品最终可能的所有增加和改变的利益。它是在核心产品、形式产品、期望产品、附加产品之外，能满足消费者潜在需求的，尚未被消费者意识到，或者已经被意识到但尚未被消费者重视或消费者不敢奢望的一些产品价值。潜在产品指出了现有产品的可能的演变趋势和前景。潜在产品与附加产品的主要区别在于顾客没有潜在产品仍然可以很好地满足其现实需求，但得到潜在产品，消费者的潜在需求会得到超值的满足，消费者对产品的偏好程度与忠诚程度会得到大大强化②。潜在产品是产品整体概念当中的最高层次，很少有企业能做到。若企业能做到这个层次将形成绝对竞争优势从而彻底击败所有竞争对手。这要求企业有超强的预测能力与长远的战略眼光。对于房地产绿色营销企业而言，要积极探索新型低碳环保、节能减排的新技术，研制和使用健康环保的建筑替代材料等，争取在未来为消费者提供更大的权益。

---

① 李启明，聂筑梅. 现代房地产绿色开发与评价 [M]. 南京：江苏科学技术出版社，2003：45－48.

② 菲利普·科特勒，加里·阿姆斯特朗. 市场营销原理 [M]. 北京：清华大学出版社，2007：104－107.

6.2　房地产企业绿色营销能力评价研究

在可持续发展的国际绿色浪潮冲击下，在我国建设两型社会和发展低碳经济的实践中，房地产企业作为国民经济的支柱性产业，它的健康发展备受瞩目，直接关系到国家的经济命脉和创新发展的全局。房地产企业绿色营销是绿色营销理论在房地产行业的实践运用，是房地产企业为谋求自身与环境的和谐共存而把绿色生态观念引入其营销活动以指导其策划与实施的过程。房地产企业绿色营销对企业的生存发展至关重要，是建设两型社会发展社会经济的必然要求和现实选择。针对房地产企业绿色营销的现状和面临问题的多样性和不确定性，采用定量与定性相结合的多层次灰色方法，以实际工程为例，对企业绿色营销能力进行实证研究，有利于企业正确决策，提升企业的生存能力。

6.2.1　房地产企业绿色营销能力评价指标体系的构建

1. 评价指标的选取

科学合理地选取评价指标是正确评价房地产企业绿色营销能力的前提与基础，会直接影响到分析结果的可靠性和有效性[①]。根据企业绿色营销能力影响因素的文献评述和专家调查，借鉴前人的研究成果，经过分析归纳，遵循指标设计的系统性、科学性、全面性、客观性和可行性原则，对各个能力影响因素进行全面的分析比较，以定量与定性相结合的方式，最终确立了房地产企业绿色营销的能力评价指标[②]。主要包括房地产企业绿色营销投入能力，绿色市场研究预测能力，绿色营销收益能力，绿色营销组合能力和企业家绿色能力。

房地产企业绿色营销投入能力主要测度企业对绿色营销的重视程度和实

---

① 彭国甫，李树丞，盛明科. 应用层次分析法确定政府绩效评估指标权重研究 [J]. 中国软科学，2004（6）：136 – 139.

② 刘红，吴婷婷，方国华. 多层次灰色评价法在城市防洪工程后评价中的应用 [J]. 水利经济，2010（5）：5 – 8.

际投入状况，主要包括绿色营销投入费用、绿色营销投入比重、绿色营销人员构成、绿色营销人员比重。尽管绿色营销投入费用和人员并不是企业绿色营销的决定性因素，营销活动的消耗的多少也并不直接决定企业绿色营销成果，但绿色营销人员和费用的投入是形成绿色营销活动的重要前提和原因。因此，对绿色营销投入能力的测度是衡量企业绿色营销能力的重要因素。

绿色市场研究预测能力，主要考察房地产企业在建设两型社会和发展低碳经济的背景下，房地产市场的潜在需求和变化情况。通过对竞争对手的综合分析，有效地获取其绿色营销信息，对潜在绿色房地产消费者的科学识别，提出对新型绿色房地产开发的总体路径，对绿色房地产产品的发展趋势进行合理预测。这是房地产企业适应社会经济发展需要，对自身可持续发展的理性选择。对绿色市场研究预测能力高低直接决定了企业未来发展的前途和命运。

绿色营销收益能力，指的是房地产企业在绿色营销的过程中获取绿色经济效益、实施绿色发展、和谐共赢的能力。主要是考察房地产企业对绿色利润率即绿色经济效益的获取能力，在与竞争者博弈中争取绿色消费者、增加绿色客户资源、抢占市场份额、扩大市场占有率、树立与扩大品牌效应的各种能力。绿色营销的收益能力是房地产企业绿色营销成败的决定性因素。只有从绿色营销中获取经济效益，才能保持和促进房地产企业的绿色营销实践活动。

绿色营销组合能力，包括房地产企业绿色产品能力、绿色渠道能力、绿色分销能力、绿色促销能力以及绿色服务能力①。多角度全方位地体现了房地产企业绿色营销能力的状况。该能力是房地产企业绿色营销实践的关键因素。

企业家绿色能力对于房地产企业绿色营销创新活动至关重要。企业家是企业的领头羊，他和领导团队的绿色意识、过硬的文化科研素质、识别和把握绿色机会的能力和锲而不舍地追求坚持绿色营销的精神都是房地产企业绿色营销的重要因素。

2. 指标体系的构建

根据以上研究，根据层次分析法原理②，将房地产企业绿色营销能力的

---

① 苏越良，何海燕，尹金龙. 企业绿色持续创新能力评价体系研究 [J]. 科技进步与对策，2009 (10)：139 – 142.

② 萨蒂·T. L. 著. 许树柏译. 层次分析法在资源分配、管理和冲突分析中的应用 [M]. 北京：煤炭工业出版社，1998：68 – 70.

指标体系表现为如表 6 - 2 所示的三层评价指标体系。该体系包括三个层次和
23 个指标，其中一级指标即目标层，是绿色营销能力；二级指标即准则层，
包括绿色营销投入能力、市场研究预测能力、收益能力、绿色营销组合能力
和企业家绿色能力；三级指标即子准则层，是在此基础上细分而得出。

表 6 - 2　　　　　　　房地产企业绿色营销能力评价指标体系

一级指标	二级指标	三级指标
绿色营销能力（P）	绿色营销投入能力（Q_1）	绿色营销投入费用（Q_{11}） 绿色营销人员构成（Q_{12}） 绿色营销人员比重（Q_{13}） 绿色营销投入比重（Q_{14}）
	绿色市场研究预测能力（Q_2）	潜在需求分析（Q_{21}） 潜在市场变化分析（Q_{22}） 竞争对手分析（Q_{23}） 新市场开发与预测（Q_{24}） 潜在消费者分析（Q_{25}） 绿色产品发展趋势预测（Q_{26}）
	绿色营销收益能力（Q_3）	绿色经济效益获取能力（Q_{31}） 绿色客户资源增加能力（Q_{32}） 绿色市场份额扩展能力（Q_{33}） 绿色品牌渗透能力（Q_{34}）
	绿色营销组合能力（Q_4）	绿色产品能力（Q_{41}） 绿色渠道能力（Q_{42}） 绿色分销能力（Q_{43}） 绿色促销能力（Q_{44}） 绿色服务能力（Q_{45}）
	企业家绿色能力（Q_5）	绿色意识（Q_{51}） 绿色素质（Q_{52}） 识别把握绿色机会的能力（Q_{53}） 坚持绿色营销的精神（Q_{54}）

资料来源：根据层次分析法总结分析。

3. 评价方法的选取

房地产企业绿色营销能力是一个定性的指标，具有不确定性和复杂性，

难以直接观察和精确度量。目前，对于企业绿色营销能力的评价主要以定性为主，少部分定量分析采用较多的评价方法有层次分析法、模糊综合评判法、关联矩阵法、数据包络分析法等，但这些方法都有各自的局限性，如模糊综合评判法缺乏必要的权重量化值，评价精度相对较低，而层次分析法虽然考虑了量化部分，但主要缺点为定性数据多，受人为主观因素影响大，易造成决策失误①。

而将灰色理论和层次分析法相结合的灰色多层次评价法能够较好地解决评价指标难以准确量化和统计的问题。虽然在确定指标权重时会受一定的人为因素影响，但它能将主观评价降至最低限度，且其更多的是进行定量分析和评价②，因此，采用多层次灰色评价方法能够对企业绿色营销创新能力进行客观准确的量化评价。目前，多层次灰色评价方法尚未大量在企业绿色营销能力评价中使用，因此，采用这种方法是一次有益的尝试，为提高房地产企业绿色营销能力评价的科学性提供有益的参考。

6.2.2 房地产企业绿色营销能力评价实证研究

吉林大唐房地产开发有限公司是专业从事房地产开发与经营及物业管理的现代化股份制企业，成立于 2006 年 11 月，主要从事房地产投资、开发、经营和现代化物业管理。大唐房地产于 2008 年完成建设位于吉林市高新区的"大唐佳园"项目，项目总投资 11829 万元，该小区现已完成综合验收并入住，受到业内人士及广大业主的高度评价。目前该公司正在建设的大唐天下江山工程占地面积 6.125 万平方米，总建筑面积 50 万平方米，位于吉林市松江西路 73 号，吉林市政协南北两侧，是松江岸一线江景大盘。

虽然大唐房地产公司只是中小型房地产开发企业，但多年来一直秉承"造福社会，让生活更美好"的发展理念，倡导经济效益与社会效益并重，努力开展房地产绿色营销的探索实践活动，注重对国家与本省绿色房地产市场相关信息的搜集与分析。企业领导多年来一直注重企业的绿色健康发展，对企业的绿色营销实践给予物质与技术上的大力支持，逐步增大对绿

---

① 蔡建春，王勇. 风险投资中投资风险的灰色多层次评价 [J]. 管理工程学报，2003（17）：94-97.

② 邓聚龙. 灰色系统基本方法 [M]. 武汉：华中理工大学出版社，1987：26-31.

色营销的投入力度并鼓励员工积极参与绿色营销实践。如采用绿色的设计理念，在房屋设计上注重结构与空间设计的合理化与人性化，充分利用自然资源，降低污染和消耗；采用高性能的混凝土材料、节能环保的水性涂料和绿色墙体材料等绿色建材，并运用基坑施工封闭降水、粘贴式外墙保温隔热系统等绿色施工工艺，实施绿色施工的科学管理体系；引入先进的物业管理理念与管理体系，努力为消费者提供贴心、健康的绿色物业服务等。下面将利用多层次灰色方法对吉林市大唐房地产开发有限公司绿色营销能力进行评价研究。

1. 建立评分等级指标

评价指标 Q 是定性指标，为了便于评价，需将其转化成定量指标。采用李克特五级量表，将 Q 的优劣标准分为 5 级，评价值为 5、4、3、2、1，分别表示优、良、中、及、差，当指标等级介于两个相邻等级之间时，相应评分①为 4.5，3.5，2.5，1.5。

2. 确定评价指标的权重

（1）采用层次分析法确定权重，首先应建立递阶层次结构，这里采用前文表 6 - 2 研究得出的三层次评价指标体系。

（2）构造两两比较判断矩阵。对每一层次各因素的相对重要性用数值形式给出判断，并写成矩阵形式。任何判断矩阵都应满足 $b_{ij} = 1$，$b_{ij} = 1/b_{ij}$（i，j = 1，2，…，n）

（3）层次单排序和一致性检验。矩阵 b_{ij} 表示，相对于 A_k 而言 B_i 和 B_j 的相对重要性。通常取 1，2，…，9 及它们的倒数作为标度。

计算判断矩阵的特征和特征向量，即对判断矩阵 B，计算满足 BW = λmaxW 的特征根和特征向量。在得到 λmax 后，还需要对判断矩阵的一致性进行检验。需要计算一致性指标 CI，定义为：

$$CI = \lambda max - n/n - 1 \tag{6-1}$$

当 CI = 0 时，具有完全一致性，CI 越大，一致性就越差。将 CI 与平均随机一致性指标 RI 进行比较。RI 的取值②如表 6 - 3 所示。

———————————

① 邵超群，宇明德. 多层次灰色评价法在房地产开发风险评价中的应用［J］. 管理观察，2008（10）：175 - 176.

② 刘思峰，郭天榜，党耀国. 灰色系统理论及应用［M］. 北京：科学出版社，1999：33 - 35.

表 6 - 3 **RI 取值**

阶数 n	1	2	3	4	5	6	7	8	9
RI	0.00	0.00	0.58	0.90	1.12	1.24	1.32	1.41	1.45

资料来源：根据层次分析法计算得出。

如果判断矩阵 CR = CI/RI < 0.10 时，则此判断矩阵具有满意的一致性，否则就需要重新调整。

（4）确定权重。通过计算最后得到权重集。

一级评价指标 Q_i（i = 1，2，3，4，5），权重集 A = (a_1，a_2，a_3，a_4，a_5) = (0.145，0.192，0.068，0.291，0.304)

二级评价指标 Q_{ij}，A_1 = (0.568，0.21，0.073，0.149) A_2 = (0.335，0.105，0.224，0.074，0.194，0.048) A_3 = (0.184，0.268，0.476，0.072) A_4 = (0.45，0.228，0.16，0.097，0.065) A_5 = (0.127，0.499，0.289，0.085)

3. 组织专家评分

聘请了六位从事房地产经营的房地产营销专家，各评价专家对吉林市大唐房地产开发有限公司按评价指标评分等级标准进行评分。将评价标准 V_{ij} 的优劣标准划分为5级，并分别赋值为5、4、3、2、1分，指标等级介于两相邻等级之间的，相应评分①为4.5、3.5、2.5、1.5分。

评价样本矩阵如下。

$$D = \begin{vmatrix} 2.0 & 2.5 & 2.0 & 3.0 & 2.5 & 3.0 \\ 3.0 & 3.5 & 2.5 & 2.0 & 3.5 & 3.0 \\ 3.5 & 2.5 & 2.0 & 2.5 & 2.0 & 1.5 \\ 2.5 & 3.0 & 3.5 & 3.0 & 3.0 & 2.5 \\ 2.5 & 2.0 & 2.5 & 2.5 & 3.0 & 2.0 \\ 3.5 & 3.0 & 3.5 & 2.5 & 3.0 & 2.5 \\ 2.5 & 3.5 & 4.0 & 3.5 & 3.0 & 2.5 \\ 3.5 & 2.0 & 2.5 & 2.0 & 2.5 & 3.0 \\ 3.0 & 2.5 & 2.5 & 3.0 & 2.0 & 3.0 \\ 2.0 & 3.0 & 2.0 & 3.0 & 2.5 & 2.0 \end{vmatrix}$$

---

① 张辉，高德利. 基于模糊数学和灰色理论的多层次综合评价方法及其应用 [J]. 数学的实践与认识，2008（3）：1－6.

$$D = \begin{vmatrix} 3.5 & 3.5 & 3.0 & 3.5 & 4.5 & 3.0 \\ 3.0 & 2.5 & 3.0 & 2.5 & 2.5 & 2.0 \\ 2.0 & 3.5 & 2.0 & 2.5 & 3.0 & 2.0 \\ 2.0 & 2.5 & 2.5 & 2.0 & 3.0 & 2.5 \\ 3.0 & 3.5 & 4.0 & 3.0 & 3.5 & 3.0 \\ 2.5 & 3.0 & 2.0 & 2.5 & 3.0 & 3.0 \\ 2.0 & 2.5 & 2.5 & 3.0 & 2.5 & 2.0 \\ 3.0 & 3.5 & 3.5 & 2.5 & 3.0 & 3.0 \\ 3.5 & 2.0 & 3.5 & 2.0 & 2.5 & 2.0 \\ 2.0 & 2.5 & 2.5 & 3.5 & 2.0 & 3.0 \\ 3.0 & 2.5 & 3.0 & 2.5 & 2.5 & 2.0 \\ 4.5 & 3.0 & 3.0 & 3.5 & 3.0 & 3.5 \\ 2.0 & 3.5 & 2.5 & 2.0 & 2.5 & 3.0 \end{vmatrix}$$

4. 确定评价灰类

设定 5 个评价灰类，灰类序号 $e = 1$，2，3，4，5，它们分别代表"优""良""中""及""差"。

第一灰类"优"（$e = 1$），灰数 $\otimes 1 \in [5, \infty)$，白化权函数为 f_1；第二灰类"良"（$e = 2$），灰数 $\otimes 2 \in [0, 4, 8]$，白化权函数为 f_2；第三灰类"中"（$e = 3$），灰数 $\otimes 3 \in [0, 3, 6]$，白化权函数为 f_3；第四灰类"及"（$e = 4$），灰数 $\otimes 4 \in [0, 2, 4]$，白化权函数为 f_4；第五灰类"差"（$e = 5$），灰数 $\otimes 5 \in [0, 1, 2]$，白化权函数为 f_5[①]。其表达式如下：

$$f_1(d_{ijk}) = \begin{cases} \dfrac{d_{ijk}}{5} & d_{ijk} \in [0,5) \\ 1 & d_{ijk} \in [5, \infty) \\ 0 & d_{ijk} \notin [0, \infty) \end{cases} \qquad (6-2)$$

$$f_2(d_{ijk}) = \begin{cases} \dfrac{d_{ijk}}{4} & d_{ijk} \in [0,4) \\ \dfrac{d_{ijk} - 8}{-4} & d_{ijk} \in [4,8] \\ 0 & d_{ijk} \notin [4,8] \end{cases} \qquad (6-3)$$

---

① 邓涛，余承华. 多层次灰色方法在绿色施工评估中的应用研究 [J]. 施工技术，2008（S1）：442 - 445.

$$f_3(d_{ijk}) = \begin{cases} \dfrac{d_{ijk}}{3} & d_{ijk} \in [0,3) \\[2mm] \dfrac{d_{ijk}-6}{-3} & d_{ijk} \in [3,6] \\[2mm] 0 & d_{ijk} \notin [0,6] \end{cases} \tag{6-4}$$

$$f_4(d_{ijk}) = \begin{cases} \dfrac{d_{ijk}}{2} & d_{ijk} \in [0,2) \\[2mm] \dfrac{d_{ijk}-4}{-2} & d_{ijk} \in [2,4] \\[2mm] 0 & d_{ijk} \notin [0,4] \end{cases} \tag{6-5}$$

$$f_5(d_{ijk}) = \begin{cases} 1 & d_{ijk} \in [1,2] \\[2mm] \dfrac{d_{ijk}-2}{-1} & d_{ijk} \in [1,2] \\[2mm] 0 & d_{ijk} \notin [0,2] \end{cases} \tag{6-6}$$

5. 计算评价灰色系数权向量及权矩阵

根据专家评分的结果和评价确定的灰类，对于评价指标 Q_{ij}，属于第 e 个评价灰类的灰色评价系数计为 y_{ije}，则有通过公式（6-7）计算得到 Q_{11} 的灰色的评价系数为：

$$y_{ije} = \sum_{k=1}^{6} f_e(d_{ijk}) \tag{6-7}$$

$e = 1 \quad \begin{aligned} y_{111} &= f_1(d_{111}) + f_1(d_{112}) + f_1(d_{113}) + f_1(d_{114}) + f_1(d_{115}) + f_1(d_{116}) \\ &= f_1(2) + f_1(2.5) + f_1(2) + f_1(3) + f_1(2.5) + f_1(3) = 3 \end{aligned}$

$e = 2 \quad y_{112} = f_2(2) + f_2(2.5) + f_2(2) + f_2(3) + f_2(2.5) + f_2(3) = 3.75$

$e = 3 \quad y_{113} = f_3(2) + f_3(2.5) + f_3(2) + f_3(3) + f_3(2.5) + f_3(3) = 5$

$e = 4 \quad y_{114} = f_4(2) + f_4(2.5) + f_4(2) + f_4(3) + f_4(2.5) + f_4(3) = 3.5$

$e = 5 \quad y_{115} = f_5(2) + f_5(2.5) + f_5(2) + f_5(3) + f_5(2.5) + f_5(3) = 0$

属于各个评价灰类的总灰色评价系数记为 y_{ij}，通过公式 6-8 计算得到 Q_{11} 的总灰色评价系数为：

$$y_{ij} = \sum_{e=1}^{5} y_{ije} \tag{6-8}$$

$$y_{11} = \sum_{i=1}^{5} y_{11i} = 15.25$$

所有评价专家就评价指标 Q_{ij}，对项目主张第 e 个灰类的灰色评价权记为 r_{ije}，通过公式（6-9）计算 Q_{11} 的灰色评价权为：

$$r_{ije} = y_{ije}/y_{ij} \qquad\qquad (6-9)$$

$$r_{111} = \frac{y_{111}}{y_{11}} = 0.197 \quad r_{112} = \frac{y_{112}}{y_{11}} = 0.246 \quad r_{113} = \frac{y_{113}}{y_{11}} = 0.328$$

$$r_{114} = \frac{y_{114}}{y_{11}} = 0.23 \quad r_{115} = \frac{y_{115}}{y_{11}} = 0$$

评价等级指标 Q_{ij} 对于各灰类的灰色评价权向量 r_{ij} 为：

$$r_{ij} = (r_{ij1}, r_{ij2}, r_{ij3}, r_{ij4}, r_{ij5}) \qquad\qquad (6-10)$$

通过公式（6-10）得到，r_{11} = （0.197，0.246，0.328，0.33，0）。以此类推，计算其他评价指标的灰色评价权，得到评价指标的权向量，由权向量得到各评估灰类的灰色评价权矩阵：

$$R_1 = \begin{vmatrix} r_{11} \\ r_{12} \\ r_{13} \\ r_{14} \end{vmatrix} = \begin{vmatrix} 0.197 & 0.246 & 0.328 & 0.330 & 0 \\ 0.215 & 0.268 & 0.317 & 0.199 & 0 \\ 0.647 & 0.224 & 0.277 & 0.288 & 0.032 \\ 0.222 & 0.277 & 0.296 & 0.206 & 0 \end{vmatrix}$$

$$R_2 = \begin{vmatrix} r_{21} \\ r_{22} \\ r_{23} \\ r_{24} \\ r_{25} \\ r_{26} \end{vmatrix} = \begin{vmatrix} 0.172 & 0.260 & 0.287 & 0.282 & 0 \\ 0.219 & 0.274 & 0.324 & 0.183 & 0 \\ 0.227 & 0.284 & 0.339 & 0.150 & 0 \\ 0.193 & 0.241 & 0.302 & 0.265 & 0 \\ 0.177 & 0.222 & 0.296 & 0.305 & 0 \\ 0.180 & 0.225 & 0.300 & 0.295 & 0 \end{vmatrix}$$

$$R_3 = \begin{vmatrix} r_{31} \\ r_{32} \\ r_{33} \\ r_{34} \end{vmatrix} = \begin{vmatrix} 0.373 & 0.267 & 0.267 & 0.093 & 0 \\ 0.189 & 0.236 & 0.315 & 0.260 & 0 \\ 0.188 & 0.236 & 0.293 & 0.283 & 0 \\ 0.172 & 0.260 & 0.287 & 0.282 & 0 \end{vmatrix}$$

$$R_4 = \begin{vmatrix} r_{41} \\ r_{42} \\ r_{43} \\ r_{44} \\ r_{45} \end{vmatrix} = \begin{vmatrix} 0.245 & 0.306 & 0.326 & 0.123 & 0 \\ 0.194 & 0.242 & 0.322 & 0.242 & 0 \\ 0.172 & 0.260 & 0.287 & 0.282 & 0 \\ 0.238 & 0.296 & 0.289 & 0.177 & 0 \\ 0.197 & 0.426 & 0.286 & 0.271 & 0 \end{vmatrix}$$

$$R_5 = \begin{vmatrix} r_{51} \\ r_{52} \\ r_{53} \\ r_{54} \end{vmatrix} = \begin{vmatrix} 0.193 & 0.241 & 0.301 & 0.265 & 0 \\ 0.189 & 0.236 & 0.315 & 0.260 & 0 \\ 0.237 & 0.279 & 0.349 & 0.135 & 0 \\ 0.193 & 0.241 & 0.301 & 0.245 & 0 \end{vmatrix}$$

6. 对一级指标进行综合评价

对大唐公司绿色营销能力的 Q_1，Q_2，Q_3，Q_4，Q_5 做综合评价，其综合评价结果 F_1，F_2，F_3，F_4，F_5 分别为：

$F_1 = A_1 R_1 = (0.237, 0.254, 0.317, 0.281, 0.002)$

$F_2 = A_2 R_2 = (0.193, 0.257, 0.307, 0.243, 0)$

$F_3 = A_3 R_3 = (0.221, 0.243, 0.294, 0.242, 0)$

$F_4 = A_4 R_4 = (0.218, 0.291, 0.313, 0.19, 0)$

$F_5 = A_5 R_5 = (0.204, 0.249, 0.322, 0.223, 0)$

7. 对大唐公司绿色营销能力的综合评价

由 F_1，F_2，F_3，F_4，F_5，可得大唐公司天下江山项目绿色营销能力的总灰色评价权矩阵 M：

$$M = \begin{vmatrix} F_1 \\ F_2 \\ F_3 \\ F_4 \\ F_5 \end{vmatrix} = \begin{vmatrix} 0.237 & 0.254 & 0.317 & 0.281 & 0.002 \\ 0.193 & 0.257 & 0.307 & 0.243 & 0 \\ 0.221 & 0.243 & 0.294 & 0.242 & 0 \\ 0.218 & 0.291 & 0.313 & 0.19 & 0 \\ 0.204 & 0.249 & 0.322 & 0.223 & 0 \end{vmatrix}$$

由此对大唐公司绿色营销能力做综合评价，其综合评价结果为 F = A. M = (0.212, 0.263, 0.314, 0.227, 0.0003)。

8. 计算综合评价值

大唐公司绿色营销创新能力的综合评价值 W = FCT = (0.212, 0.263,

0.314，0.227，0.0003）。$(5，4，3，2，1)^{\mathrm{T}} = 3.5083$。

当全部评价专家都认为大唐公司的每个评价指标 Q_{ij} 的评分都是 2 分（合格），对应的 W 值为 3.118。专家评价大唐公司的绿色营销能力综合评价值为 3.5083，大于 3.118，因此，大唐公司绿色营销能力被认为是达到绿色营销要求的，但综合得分情况还不理想，在各个方面还有很大的提升空间。作为中小型房地产开发公司，大唐公司的绿色营销实践值得赞扬和期许。在国家宏观调控严厉政策的优胜劣汰下，许多缺乏绿色创新意识的中小房地产企业都纷纷面临破产危机，缺乏应对之策，而大唐公司的绿色实践表明，绿色发展是未来房地产企业发展壮大的必由之路，中小房地产企业要牢牢抓住绿色契机，加快绿色营销实践的进展，谋求自身的快速健康发展。同时，与大唐公司类似的中小房地产企业的绿色营销实践仍需再接再厉，不断创新，争取为建设两型社会和发展低碳经济作出更大的贡献。

6.3　宏观调控下我国房地产企业发展对策与前景

随着国家宏观调控"组合拳"的出台，中国房地产市场迅速降温，房地产业备受打击，一些中小企业纷纷破产，房地产中介裁员，商品房成交量不断下降。根据提供的最新成交数据，2011 年 10 月份受监测的 35 个城市中，30 个城市楼市成交量同比下降，9 个城市成交量降幅在 50% 以上，其中长沙（期房）同比降幅最大，达到 78.12%。其次是汕头，同比降幅达 59.08%。重点城市成交量均出现同比下降，其中杭州（不含萧山、余杭）跌幅最大，达 57.17%，天津、成都、北京和南京同比跌幅亦皆超过 50%。中国国务院总理温家宝 2011 年 11 月 6 日在俄罗斯圣彼得堡表示，"中国下调房价是国家坚定的政策"，"对于房地产一系列的调控措施，决不可有丝毫动摇"。这充分说明了政府对房地产企业宏观调控的信心和决心。

在我国坚定地实施宏观调控，誓将房价从高位拉回到合理区间的时期，房地产企业须认清形势，寻求自保，规避风险，安然过"冬"。保障安全、谋求发展是新时期房地产企业生死攸关之际的应对策略①。

---

① 张洋，陈立文. 宏观调控下房地产企业"过冬"策略分析 [J]. 经济导刊，2012（4）：5–6.

1. 重视现金流，保障自身安全

对企业而言，安全大于一切，是生存与发展的基础保障。而企业的安全与否不在于其规模大小，固定资产多少，而在于其财务状况是否良好。房地产企业作为资金密集型企业，其项目运营只靠自有资金基本无法实现。因此，现金流对于企业而言比利润率更为重要，是维持企业生命的血液。在国家宏观调控的背景下，房地产业"量价齐跌"，陷入低迷，陆续出现市场"拐点说"，大部分消费者都在"持币观望"，市场逐渐转为理性。成交量急剧减少，银行贷款紧缩，种种情况导致房地产资金紧张。若不重视现金流入，及时回笼资金，则会造成资金链断裂，企业走向灭亡。

（1）合理降价，让利求生。为了促进房地产交易市场的活跃，房地产企业可采取合理降价措施来刺激消费，获得置业者的回归。在现阶段社会经济的发展及突破膨胀率逐步增长，导致土地价格和原材料价格不断上涨，房地产企业应在保证满足成本及一定比例利润的前提下，适度降低房价，吸引购房者的回归，快速回笼资金，充实现金链。

一些大型房企展开相应策略，以价跑量，弃"利"保"命"。如恒大采取降价措施，仅用10个月就超额完成全年销售计划。万科提出"现金为王"的策略，开启"百团大战"，获得市场的积极响应。中原检测数据显示，大型房企中有中海、万科、保利、富力等多家开发商进行大规模的降价销售。降价队伍正在扩大，第二、第三线梯队，以及城市本地的企业也纷纷加入降价队伍，以争夺有限的客源，在竞争中求生存。宏观调控下房地产市场利润份额不断萎缩，业内面临着残酷的"洗牌"，目前房地产企业的主要竞争在于同行间的竞争，只有抢在对手前面占据有限的市场，才能稳固自己的地位，保障自身利益。而降低价格是吸引消费者的首选，率先降价、先发制人是制胜的王道。

（2）理性决策，规避风险。由于2009～2010年房地产市场异常火爆，利润率很高，致使许多房地产企业为了获得高额的利润率盲目拿地扩张，投入巨额资金，使企业的资金链趋紧，依赖银行贷款维持周转。但在现今宏观调控下这种发展模式已不再适用，国家对房产市场由扶持变成抑制，房地产企业融资方式困难，资金回笼缓慢，因此需要房地产企业在项目确定前，对项目所处地区的市场、环境及自身经济状况进行充分的研究、分析，合理安排投资规模，使投资更加趋于理性化。

为了规避风险可以以买方市场为导向，针对最具有购买潜质的中低收入

"刚需"人群推出一些针对性强，风险相对较小，盈利能力相对较强的"避险"产品，如推出物美价廉的小户型产品和设计优越的户型组合产品等，并通过提供完备的社区配套设施如健身房、超市、学校等提高产品的附加值，满足消费者物质与精神的需求。尤其可以将房产与教育联姻，将优质的教育资源引入小区，处于结婚生子阶段的 80 后大部分为独生子女，这就出现了三对夫妇一个孩子的现象，作为两代人希望的孩子在家庭中的地位可想而知，因此，大多数家庭在购买房子时考虑的一个重要因素就是下一代的教育问题。由于现阶段我国教育资源分布并不均匀，所以以优质的教育资源作为卖点能够有效地吸引消费者。虽然目前房地产市场低迷，但随着中国城市化进程的不断加快，城市人口不断增长，房地产市场潜力仍然巨大，只要房地产商理性决策，运用合理方式规避风险，就能逆市而上，提高成交量，增加现金流，促进发展。

（3）探索金融渠道，进行融资创新。房地产企业是资金密集型企业，资金流量巨大，融资能力对于行业发展具有举足轻重的作用，在只有少数企业才能上市融资，其他融资渠道如债券、信托、基金融资十分有限的前提下，银行信贷资金供给成为房地产业的主要来源。但由于国家对房地产企业的严厉调控及信贷紧缩，房地产企业从银行获得贷款及信托融资的难度越来越大，融资紧、债务增、库存升等直接影响到房地产企业的现金流，使房产企业陷入困境。

我国房地产企业融资渠道趋于单一，大部分依赖银行的贷款，产生了很多问题，如：银行、企业积累了过多的金融风险，优秀企业信用优势难以体现，预售款承担过多的融资功能，地产业打压又产生新的金融风险，民间闲置资金缺乏投资渠道。

因此，房地产企业应积极探索金融渠道，扩大融资规模。如发展房地产产业基金，适度放开债权型外商投资，分散金融风险，降低对银行信贷与股市融资的依赖，向民间资本开放①。对房地产企业进行筹资管理，用绝对值与相对值法分析资金成本，选择资金成本较低的使用资金，使房地产企业获得成功的方法。在银行信贷紧缩的情况下，现在有些开发商遭遇资金周转的问题，通过开盘前团购的途径，走民间融资的方式获取开发资金，即使用购房者资金建设，又不用考虑后期的销售问题，不失为一种好的"避险"方法。

---

① 梅雅洁. 浅析我国房地产企业融资机构与解决对策 [J]. 中国商界，2011（4）：25-28.

2. 创品牌重营销，谋求自身发展

（1）树立品牌优势，实施差异化发展战略。品牌战略是国家经济发展程度的重要标志，是各行业竞争的主要形式，随着房地产企业逐步进入品牌竞争时代，价格不再是市场竞争的唯一手段，具有优质产品、良好信誉、品质服务的品牌房地产企业通过品牌效应获得良好业绩，扩张市场份额，促进企业快速成长，高品牌价值房地产企业在企业融资能力、财务稳定方面普遍优于其他企业，这种优势在调控持续、信贷规模收紧、融资渠道狭窄的情况下尤为重要。因此，树立品牌优势是房地产企业发展的必由之路。大力推行品牌战略力度，在产品设计、营销、服务模式上打造核心竞争力，让品牌创造更大的附加值。

对占大多数的中小型房地产企业来说，拼实力、拼规模、拼品牌都比不过大型品牌房地产企业。宏观调控是房地产企业的一次重新洗牌，许多实力稍逊、管理不善的企业将在这一轮竞赛中出局。在此背景下，中小企业应另辟蹊径，创出自己特色，开发有优势项目或地域特色的产品，在某个特定领域做强，能以明显差异化产品占据市场的一席之地。

（2）重视营销创新，推崇绿色发展。伴随着房地产市场已经由卖方市场转变为买方市场，市场已趋于理性化。买方市场导致卖方之间即开发商之间展开激烈的竞争，而营销则是房产竞争的重要手段，是成功的先决条件，新形势下实施营销创新势在必行。

开发商要充分认识到房地产暴利时代的终结，房地产业已进入新的历史发展时期，要积极配合国家调控政策，既追逐利润又勇于承担责任，加强质量管理，做好市场营销创新。实施营销理念创新，谋求企业的长期利益与可持续发展。进行营销方式创新，综合运用人文营销、知识营销、网络营销、绿色营销、合作营销、服务营销、社会营销等营销战略。

21世纪是全球绿色经济发展时代，促进绿色发展是生态文明企业谋求生存和发展的必然选择，在我国创建两型社会和发展低碳经济背景下，只有房地产企业坚持绿色发展的方向，才能促进企业可持续发展。

总之，政府的宏观调控政策虽然短期内可能会给房地产业的发展带来一定负面影响，但根本上是为了房地产行业能够持续、健康、稳定的发展。因此，房地产企业必须充分认清当前的形势，积极应对，寻求自保，规避风险，安然过"冬"。告别房地产的暴利时代，走向理性发展繁荣。

6.4　本章小结

　　本章从企业的视角对我国房地产绿色营销策略进行探索。首先，以顾客满意为着眼点，运用科特勒的产品整体理论对房地产绿色产品的层次进行划分，并针对其不同层次提出了相应的绿色营销策略。其次，对我国房地产企业绿色营销能力进行了评价研究，建立了企业绿色营销能力评价指标，并以吉林大唐房地产开发有限公司为例运用灰色多层次评价方法进行了实证研究，有助于我国房地产企业，尤其是中小型房地产企业绿色营销实践的深入进行。最后，针对我国宏观调控政策的现状，对我国房地产企业的生存与发展策略提出了中肯的建议。

第7章 消费者视角下房地产绿色营销策略研究

7.1 绿色消费者的分类与识别

7.1.1 绿色产品的创新与扩散

绿色产品被定义为能够使因消费导致的环境影响最小化的产品（Janssen and Jager，2002），和无磷的、可回收的、可再填充的、不破坏臭氧层的与环境友好的产品（Polonsky，2002）。消费往往会损害环境，因为消费活动本身就是一种消耗能源或自然资源的活动①，而绿色产品能够最小化因产品的使用而给环境带来的危害。因此，在当今全球生态危机、资源短缺的现实状况下，应鼓励消费者加强绿色意识的培养并实施绿色消费。鼓励消费者消费绿色产品是实施绿色消费的重要内容，在目前的消费环境下，绿色产品还没有占领主流市场，只是少部分环保意识较高、综合素质较高人群的小众市场。因此，探究如何能够推动和激发更多的消费者接受与购买具有生态责任和环保诉求的绿色产品，以及什么因素阻碍更多的消费者接受绿色产品变得异常重要，有助于推动社会绿色消费的发展，促进绿色产品的开发以及全社会的绿色发展。

"创新扩散就是新思想、新观点或新产品在社会中的传播……然而，扩

---

① Michael Jay Polonsky. An Introduction to Green Markeing [J]. Electronic Green Journal, 1994 (2): 22 – 25.

散是一个交流过程，是已接受者劝说那些尚未接受者接受的过程"（Valente，1995）。因此，欲探究如何促使和激励消费者接受和购买绿色产品，首先应分析绿色产品的创新扩散过程。

罗格斯（Rogers，1995）认为，"创新扩散是一种思想、实践或物体在主流消费者的意识中变为新的流行的过程"，即一种新产品从只有少数相关的人参与到被广大消费者接受的完全引入过程。他提出了创新扩散时间模型，如图 7 – 1 所示。

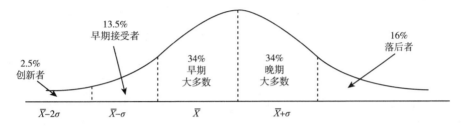

图 7 – 1　罗格斯（1995）创新扩散时间模型

资料来源：罗格斯. 创新扩散（第五版）[M]. 自由出版社，2003.

图中累积的曲线描述了随着时间的推移使用新产品人数增长的百分比。一小部分人（约 2.5%）会很快采用创新产品，另一小部分人（约 16%）则是极不情愿采用，而群体中大多数人采用新产品的时间介于二者之间①。根据消费者采用创新产品的相对时间不同，将其分为创新者、早期接受者、早期大多数、晚期大多数与落后者五个类别，且这五个类别的消费者分别具有不同的特征。由此可见，创新精神是存在个体差异的，即消费者对待新产品的态度具有显著的区别。

绿色产品是创新产品的一种，但消费者对绿色产品的接受形式与对其他创新产品的接受形式不同。人们对绿色产品的接受存在障碍或其他阻力，可能来源于传统产品与绿色产品的价格和质量。例如，尽管有证据表明有 20% 的美国消费者被认定为绿色产品销售的目标市场（Osterhus，1997），但多种环保产品打入全国市场却远不到 20%。尽管事实上绿色产品已经存在数十年，但这些研究都表明，绿色产品的接受还没有越过早期接受者的阶段，或是超越最早 15% 的接受者（包括创新者），且这些产品也没有达到早期大多数的阶段（Wiser，Bolinger，2001）。这些接受速率也印证了绿色产品的扩散

---

① 何志毅，杨少琼. 对绿色消费者生活方式特征的研究 [J]. 南开管理评论，2004（3）：4 – 10.

曲线与传统产品的不同，绿色产品的扩散曲线特征是缓慢的最初市场进入，之后是快速增长在高市场进入上逐渐减弱（Rogers，1995）。绿色产品的扩散情况事实上比罗格斯预测的还要缓慢。

房地产开发30年了，目的在于增加绿色产品接受的营销程序还是没有赢得广大的消费者。例如，2006年在美国最流行的绿色产品只占2% ~4%的市场份额。然而，绿色产品并没有像其他持续创新的产品，如新可口可乐和索尼的 Betamax 盒式视频录像机那样失败并消失。相反地，绿色产品的扩散展现出来的是停滞的状态，即产品既没有成功也没有失败①。

因此，如何能够促使消费者接受绿色产品，促进绿色产品的完全扩散，如何消除消费者接受绿色产品过程中的障碍，是提高绿色产品扩散率、实现绿色发展的重要课题。需要对消费者进行科学的分类与识别，针对不同种类的消费者采取不同的交流策略，以帮助营销者和决策者形成增加绿色产品扩散率的策略。

7.1.2 国内外绿色消费者的识别与分类研究回顾

1. 国外绿色消费者的识别与分类

对于绿色消费者的识别与分类问题，国外专家学者进行了大量的研究，把消费者按其将会购买或使用绿色产品的可能性或程度进行分类研究，观察了消费者对不同种类绿色产品的接受过程，以及绿色产品使用者与非使用者的区别。然而研究发现消费者对绿色产品的积极诉求往往与他们所采取的实际购买行动不一致②。

艾格机构，一个关注具有社会责任感公司的广告机构，认为消费者不应该被分为"绿色"和"非绿色"。相反，这家机构认为消费者应该被分为7~70分割③，即有7%或更高的人将会购买绿色产品或环境友好产品，而另

① Sigmund Wagner-Tsukamot, Mark Jadajewski. Cognitive Anthropology and the Problem-solving Behaviour of Green Consumers [J]. Journal of Consummer Behavior, 2006 (5): 8 – 14.

② Flikington, J. and Hailes, J. The Green Consumer Guide [M]. Victor, Gollancz, London, 1988: 86 – 92.

③ Sabine Dembkowski, Stuart Hanmer-Lloyd. The Environmental Value-Attitude-System Model: A Framework to Guide the Understanding of Enviornmentally-concious Consumer Behaviour [J]. Journal of Marketing Management, 1994 (10): 593 – 603.

有70%的消费者将会沿着绿色消费的方向前进，此时的购买行为将会更加情境化，这些人对绿色产品有不同程度的兴趣，但也根据他们个人需求和进入市场的成本（时间和金钱）来作出决定①。因此，理解什么能够激发其他70%的消费者去购买环保产品，将会对营销者和决策者是无价的信息。

桑达萨尼等（Shamdasani et al.，1993）在他们的研究中观察了绿色运动已经开始影响到新加坡消费者的决定和行为了。他们探索性的研究调查了关注生态和不关注生态的消费者在他们个人与社会特征和他们对营销绿色产品观念上的不同。文中叙述了绿色和非绿色消费者在态度和性格特征上的显著区别②。此外，还观察到绿色消费者更了解绿色替代品并愿意花费高价和更多的时间与努力去采取环境友好消费行为。

萨宾和斯图亚特（Sabine & Stuart，1994）运用了文森（Vinson）等1977年建立的环境价值态度系统模型并加以改进，通过整合个人信仰系统的潜在影响，为理解影响环保意识的消费者行为提供了方法。

金翰和卡逊（Zinkhan & Carlson，1995）观察了绿色广告的方法与后果影响。他们回顾了一系列关于绿色广告研究的文章，提出了一种以逻辑为导向方式的"绿色"不同维度，并分析了依赖于赞助商类型、广告焦点和广告深度的三种类型的广告。研究结果表明，"与环境相关"对于消费者回应绿色诉求没有显著的影响③，且绿色消费者更容易接纳的是打印广告而不是电视广告，那些最有可能购买绿色产品的消费者是本质上对广告持怀疑态度且无品牌忠诚的人。

舒沃克和海基斯（Schuwerk & Hagius，1995）在他们的研究中观察了消费者对绿色洗涤剂不同的打印广告的反应。

施拉姆（Shrum，1995）按照与购买行动直接相关的变量，如价格敏感度、购物中普遍关注、对新产品的兴趣与品牌忠诚等，建立了绿色消费者心理记录图表。研究发现绿色消费者是谨慎购买者，他们寻求包括从广告中获得的产品信息，但也提出绿色消费者非常怀疑广告。

---

① Arminda M. Finisterra do Paco, Mario Lino Barata Raposo, Walter Leal Filho. Identifying the Green Consumer: A Segmentation Study [J]. Journal of Targeting Measurement and Analysis for Marketing, 2009 (17): 17 - 25.

② S. Smith. Targeting the Green Consumer [M]. Bensenvill, Iilinois, Plumbing & Mechanical, 2000: 206 - 221.

③ Straughan R, Roberts J. Environment Segmentation Alternatives: A Look at Green Consumer Behavior in the New Millennium [J]. Journal of Consumer Marketing, 1999 (4): 3 - 8.

毕提（1999）提出，为了理解绿色购买行为，应该建立对传统市场分割的替代方法，并应聚焦于购买本身而不是购买者。作者开发了一个基于绿色购买意识的消费者区分框架，并基于承诺和自信的程度建立了矩阵。消费者的购买行为被分类为感觉良好购买、双赢购买、何必麻烦的购买和为什么不买四个类型。

克瑞恩（Crane，2000）在20世纪90年代中后期在企业面临困难的背景下讨论了绿色营销。记录了消费者曾对绿色营销有反抗和抵触情绪。研究结果表明，企业家已经真正认识到这种反抗与抵触的情绪与行动，并提出了四条战略解决途径，即被动绿化、缄默绿化、专门市场绿化和合作绿化。

陈（Chen，2001）建立了一个基于品质的模型来分析关于绿色产品的发展战略和政策问题，考虑了消费者偏好、开发商产品策略和政府提出的环境标准之间的互动。

美国罗普公司的绿色标准在2002年的研究成果，根据消费者不同的环境意识将他们分成五类①。这五类和他们在美国人口中的百分比如表7-1中所示。

表7-1　　　　　　　　　　美国罗普公司（2002）绿色消费者分类

绿色分类	特征
真正绿色者（9%）	强烈的环境价值观，试图教育和引导积极的改变
美钞绿色者（6%）	政治上不积极，但确实比一般消费者消费更多的绿色产品
萌芽者（31%）	理论上认同绿色消费，但不付诸实践
发牢骚者（19%）	对环境问题一无所知，不相信他们会改变世界
褐色者（31%）	不关心，也不因为环境与社会的问题修正自己的行为

资料来源：美国罗普公司对绿色消费者的分类，2002。

真正纯绿色消费者占总人口的9%，这部分人作为环境领袖和活跃分子，最倾向于进行环境问题的探讨。罗普公司也将他们定义为"有影响的或有权威的美国人"，他们比其他几类消费者有更高的收入和教育水平。他们家庭中一般都有子女并且定期上网。美钞绿色消费者，在另一方面，代表6%的

---

① Walter Coddington. Environmental Marketing：Positive Strategies for Reaching the Green Consumer [M]. New York：McGraw-Hill, 2004：105-120.

总人口，他们没有时间在政治上积极参与，只要在不牺牲舒适和便利的前提下，愿意为绿色产品付出更多。他们通常也有高收入和教育水平，但不及真正纯绿色消费者。萌芽者比真正纯绿色和美钞绿色消费者加在一起人数的 2 倍还多。萌芽者在赞成环保态度的方面不是一致和连贯的，相反，他们单独地评价每件环保事件或宣言，而不是每时每刻都保持绿色观念。另一方面，发牢骚者，对环境问题的探讨不感兴趣。他们借口环境问题对于他们来讲太大，超出他们所能控制的范围，因而无法解决。最后，褐色消费者是参与绿色最少的群体。他们一般只有低薪水和低教育程度。他们不关心，也不因为环境与社会危机的产生而改变自己的消费行为。

金斯伯格和布鲁姆（Ginsberg & Bloom，2004）也描述了环境问题影响购买决定的程度。只有 15% 的美国消费者（真正绿色消费者和美钞绿色消费者）在他们的购买实践中是具有环境诚意的[①]。建议企业在处理绿色营销两难问题时要铭记在心，消费者不会放弃和妥协传统产品的特性如便利、价格、质量和表现等。作者建议绿色营销战略组合在不同市场和竞争条件下，应从相对消极和安静的"倾向绿色"方式，转为更为积极和显著的"极端绿色"方式，"防御型绿色"和"阴暗绿色"是中间策略。

奇特拉（K. Chitra，2007）聚焦于绿色消费者的分类，基于生态友好度的调查者分析在他们理解生态友好方面的基础上调查者被分为"追求者""上瘾者""调整者"和"躲避者"四类[②]。其中，"追求者"是指意识到环境恶化与不均衡的影响，希望消费绿色产品并感到绿色产品物有所值的人；"上瘾者"是指对绿色环保产品具有非常喜欢的态度，只购买绿色产品并对此感到满意，常常向他人推荐绿色产品且在同等条件下只选择绿色产品的人；"调整者"并不认为绿色产品与普通产品区别很大，会购买任何满足他们需要的产品，主要关注产品的价格、质量与便利性，不会仅仅选择绿色产品；"躲避者"认为生态失衡是必然发生的趋势，个人无法改变结果，而绿色产品不过是又一种营销花样和手段，作用不大。

阿民达（Arminda，2009）通过运用与环境、人口统计学等有关的心理统计、行为统计变量，运用调查问卷收集数据，采取 SPSS15.0 对数据进行了探

① Jill Meredith Ginsberg, Paul N. Bloom. Choosing the Right Green Marketing Strategy [J]. MIT SLOAN Management Review, 2004: 18 – 32.

② K. Chitra. In Search of the Green Consumers: A Perceptual Study [J]. Journal of Service Research, 2007 (1): 47 – 59.

索性因素分析，从而对环境问题敏感度不同的消费者进行了识别与分类，并得出了对公司营销的启示。

2. 国内绿色消费者的分类与识别

我国在对绿色消费者的分类与识别上研究较少，大部分只是简单地将消费者大致分为浅绿色消费者、中绿色消费者、深绿色消费者等。国内绿色消费者研究主要集中于研究影响绿色消费者消费行为的主要因素①，如阎俊将影响因素归结为个人因素，如收入、教育水平、个性因素，还有心理因素，比如消费者追求生活品质的动机、学习行为与态度等②。宗文认为，绿色消费者的心理过程包括消费者的认知过程、情绪过程与意志过程。司林胜对我国绿色消费者和消费行为进行了实证研究，结果表明目前我国消费者的绿色消费观念普遍比较淡薄；农村地区的绿色消费观念落后于城镇居民；收入水平影响绿色消费观念的形成③。

总之，我国对绿色消费的研究目前还比较粗浅，还停留在学习和借鉴国外绿色消费研究的阶段，并没有形成具有特色的研究框架和方法，我国绿色消费的研究还需进一步地加强和扩展。

7.2 基于环境倾向框架的房地产绿色营销策略分析

7.2.1 消费者环境倾向框架的建立

长期以来，"人类中心价值观"在人们心中根深蒂固，人们总是认为人类是自然界的主人和占有者，对自然拥有绝对的开发使用权④。正是这种错误的价值观的指导，最终导致地球生态危机的产生。由此看来，环境价值观

---

① 井绍平. 绿色营销及其对消费者心理与行为影响的分析 [J]. 管理世界, 2004 (5): 55 - 56.

② 阎俊. 影响绿色消费者消费行为的因素分析及其营销启示 [J]. 北京工商大学学报, 2008 (3): 56 - 58.

③ 司林胜. 对我国消费者绿色消费观念和行为的实证研究 [J]. 消费经济, 2002 (5): 39 - 42.

④ Sanjay K. Jain, Gurmeet. Green Marketing: An Indian Perspective [J]. Divison, 2004 (2): 11 - 19.

对环境的发展有着非常重要的影响。环境价值观是人们对环境的存在状况对于人的需求是否有用或能否有利于人的发展的一种评判标准体系①。主要是讨论人类是怎样看待世界的，他们认为自己在地球中应扮演什么样的角色以及他们心中什么样的环境行为才是正确与错误的。有学者认为，一个国家拥有的价值观念不但决定这个国家的政治制度，而且渗透到社会的方方面面，成为主导法律、规则和道德准则的指导思想。环境亦如此。我们拥有什么样的环境价值观，也决定着未来我们将获取怎样的环境。环境价值观对环境的发展有着非常重要的影响。

正确的环境价值观应承认人类是自然的一部分。人类生存在大自然之中，应当是生命共同体中的一员，在所有物种前，应当是地位平等的，而不是自然的主宰者。实现人与自然和谐发展，人类要尊重自然界本身，遵从自然发展的规律，应该设法与自然和谐发展，而不是单纯地让自然只满足人类的需要，更不是要人类去征服自然。要有循环利用的意识。在环境价值观上应当有强烈的废物利用意识，把一切可利用的资源都要进行再次的合理利用。有强烈的保护环境意识，并且是发自内心的，并非只是表面的顺从。真正拥有正确环境价值观的人应是使自己的言行一致，并且拥有强烈的环保意识。

国外的一些学者也关注了环境价值观的重要性，并对此进行了一系列的研究。恺撒和伍弗（Kaiser & Wolfing，1999）对环境的态度或环境价值观可以被看作生态行为的强大预言者。他们于 1999 年提出环境价值观的整体概念，并阐明在环境的背景下这些价值观和知识如何与行为相关联②。结果表明价值观和知识一共解释了行为意图变化的 40%，也解释了生态行为变化的 75%。卓姆怀特（Drumwright，1994）认为，环境价值观可以被看作是与环境相关的，被放在非经济的购买标准上的价值。这些对于保护环境和后续行为的价值观或态度之间的联系可能会被一些不在消费者控制范围内的因素影响，例如没有办法得到他们想要的产品或产品脱销、停止供应。恺撒及其同事通过要求消费者在评估环境价值观时认同以下的项目：一切事物都有生存权；动物拥有法律权利；所有有机生命都是珍贵的和值得保存的；

---

① Andrew Gilg, Steward Barr, Nicholas Ford. Green Consumption or Sustainable Lifestyles? Identifying the Sustainable Consumer [J]. Futures, 2005 (37)：481-504.

② Todd Kaiser. Eco-Marketing：A Blooming Corporate Strategy [J]. The Retail Digest, 2002 (55)：43-48.

必须保护自然，因为上帝或其他超自然能力也在其中，尽管是以非生命的形式存在；等等。根据班纳吉和麦基奇（Banerjee & Mckeage，1994）的研究，许多获取环境态度的级别包括行为、信仰、知识与意图。这些态度经常被认为与污染、保护与支持的行动相关，然而他们并不赞成行为应该是态度的一部分。因此，当态度并不能导致行为时，将信仰和行为分开捕捉很重要。根据他们在1994年的研究结论，将环境价值观概念化，其包括人类与自然关系的信仰、环境对自身重要性的信仰、目前环境状况是世界面临的严重问题的信仰、需要目前的生活方式与经济系统的一些重大转变来防止环境损害的信仰。

伯勒斯和瑞德弗莱斯（Burroughs & Rindflesch，2002）认为，一个人的环境价值观像他们坚持的其他信仰一样随时间推移而发展。价值观通常是很难改变的。再者，即使个人环境意识或关注是存在的，也不能保证一个人就会按照他的信仰体系来行动①。梅巴克（Maibach，1993）认为，消费者或许关注环境，但可能会觉得采取行动是其他人的工作。这就导致了我们需要制造一个框架来捕捉人们感觉自身可以做出改变的程度，这也会进一步解释绿色产品接受行为。

消费者虽心怀环保理念却仍然选择不接受绿色产品的原因之一就是缺乏自我效能。本质上讲，这种思想的内涵是：我一个人的努力不足以做出改变，因此何必麻烦去做呢？用环境术语来说，自我效能的一个表达就是"我没有实施环保，因为一个人再环保也不足以拯救地球"②。从这个例子可以看出，自我效能如同拒绝改变。自我效能体现了一个人不能做出改变的信仰，且没有提出想要或准备改变的意图。

首先尝试在营销中辨别这一概念的是由金尼尔（Kinnear）和他的同事在1974年进行的。他们将这种现象称为消费者的自我效能（Perceived Consumer Effectiveness，PCE）。经研究发现，消费者的自我效能会调节意图和行为的关系。与金尼尔和其他同事发现相同，韦伯斯特（Webster，1975）证明消费者既需要意识到应该消费环保产品，又要觉得这在他们能力范围之内，会对这件事有积极的影响。因此，不仅仅消费者必须认识到环境问题，他们还必须感知到这是在他们作为公民的能力范围之内的，并对问题的解决有有利的影

---

① Chater, M. and Polonsky, M. J. Greener Marketing: A Global Perspective on Green Marketing Practice [M]. Sheffield Greenleaf, 1999: 132 – 136.

② Davis, J. J. Ethic and Environmental Marketing [J]. Journal of Ethic, 2005 (11): 81 – 87.

响。伯格和考宾（Berger & Corbin, 1992）和威纳·达斯彻（Weiner Doe-scher, 1991）也提供了证据：消费者的自我效能影响消费者实施生态关注行为的可能性。罗伯特在 1996 年更深入地阐明了自我效能的角色就如关键的推动力，在关注生态消费者的行为中，当他描绘在 20 世纪 90 年代的绿色消费者，观察他们对广告号召力如何回应时，他发现那些相信自己可以作出改变的消费者更倾向于对环保广告诉求作出有利的回应。

基于以上专家学者的研究，可见环境价值观和环境的自我效能在分析消费者的意图和行为的过程中非常重要①。因此，为了更好地理解所有消费者中非绿色消费者的行为，提出了房地产绿色营销环境倾向框架，将房地产消费者按环境价值观和环境的自我效能进行分类。如表 7 - 2 所示。

表 7 - 2   基于环境价值观和环境自我效能的消费者分类

环境自我效能	环境价值观	
	高	低
高	活跃绿色者	潜在绿色者
低	潜伏绿色者	非绿色消费者

资料来源：根据罗伯特等专家的研究整理得出。

根据环境价值观与环境自我效能的高低，可以将房地产消费者分为活跃绿色者、潜伏绿色者、潜在绿色者和非绿色消费者四个类别。他们的总体特征如下。

活跃绿色消费者：准备好并愿意采取环保措施，因为他们关注环境并认为他们有能力做出改变。

潜伏绿色消费者：重视环境，但认为牺牲个人利益不会改变环境。

潜在绿色消费者：认为他们能做出改变，但认为保护环境不足以重要到让他们牺牲自身利益。

非绿色消费者：认为他们不能改变环境，也不在意他们是否能够改变环境。

他们的具体分类情况如表 7 - 3 所示。

---

① Jason, D. Olive. Increasing the Adoption of Environmental Friendly Products: Who Are the Non-A-dopters, and What Will Get Them to Buy Green? [D]. University of Rhode Island, 2007: 33 - 39.

表 7 – 3 基于环境倾向框架分类的消费者情况

分类	环境倾向	总体特征	现实表现
活跃绿色消费者	高环境价值观、高环境自我效能	关注环境并相信自己的努力能够改变环境	最有可能成为意见领袖； 最愿意参与复杂问题的解决； 对新产品的怀疑最少； 最愿意寻求绿色产品信息； 最愿意或最能够为取悦他人而改变自身行为； 技术上最为精通
潜伏绿色消费者	高环境价值、低环境自我效能	关注环境但并不认为自己的努力会改变环境	对新产品最为怀疑； 对营销交流最为怀疑
潜在绿色消费者	低环境价值、高环境自我效能	不像其他人那样关注环境，但意识到应该关注环境，因为自己很有可能会改变环境，但这并不重要	对价格比较敏感； 技术比较精通
非绿色消费者	低环境价值观、低环境自我效能	不关注也不在意环境状况，即使关注也无关紧要	最不可能成为意见领袖； 最不愿意参与复杂问题的解决； 对新产品的怀疑最多； 最不愿意寻求绿色产品信息； 最不愿意或最不能够为取悦他人而改变自身行为； 技术上最不精通

资料来源：根据罗伯特等专家的研究进一步细化分类得出。

7.2.2 基于环境倾向框架的房地产绿色营销策略分析

基于环境倾向框架，我们可以针对绿色消费者的不同分类，即活跃绿色消费者、潜伏绿色消费者、潜在绿色消费者和非绿色消费者，来采取不同的营销策略。基于消费者不同类别的政策与营销行为的内容如表 7 – 4 所示。

表 7 – 4 基于不同消费者分类的政策与营销策略

分类	原因	建议的政策行为	建议的营销行为
活跃绿色消费者	最可能成为意见领袖； 最喜欢解决复杂问题； 技术老练	设计政策奖励给他们以回报，表彰他们的付出； 邀请他们参与政策制度的建立	鼓励以发博文和网络病毒营销的方式宣传绿色行为； 邀请他们合作研制新型绿色产品

续表

分类	原因	建议的政策行为	建议的营销行为
潜伏绿色消费者	寻求绿色信息但却不确信自己能作出改变；价格敏感；对新产品和营销交流持怀疑态度	通过教育使他们对自己的行动能改变环境有信心；将节能减排与经济奖励挂钩，吸引他们关注	运用草根方式或私人渠道来代替传统的媒体宣传；让绿色新产品与传统信誉好的产品和谐共存
潜在绿色消费者	最有可能因使用绿色产品而得到朋友赞许；当看到他人使用绿色产品后才考虑开始用	宣传环境的重要性；鼓励他们的绿色行动；让他们了解他人接受绿色产品的情况	创造一个能公开认可消费者绿色努力的流程，并能随时观察到他人使用绿色产品状况
非绿色消费者	对价格最敏感；最不可能独立采取绿色行动；技术最不老练；不愿意参与复杂问题的解决	针对绿色产品的接受制定相关奖惩措施；使绿色产品和政府政策易于理解	运用传统媒体方式接近这部分消费者

资料来源：综合专家的建议进一步整理和分析得出。

对于活跃绿色消费者，由于他们最愿意接受绿色产品、最可能成为意见领袖、最喜欢解决复杂问题并且技术老练，因此，政府可以设计一些鼓励政策来刺激和回报他们，使他们的努力被公众所周知。在制定绿色政策制度时可以邀请活跃绿色者加入共同探讨①。在绿色产品的研制阶段也可以邀请他们加入团队。在房地产绿色营销实践中，在国家和地方政府制定相关政策，如绿色建筑评价标准、与绿色建筑相关的法律法规与经济激励措施时，应邀请一些具有环保精神和专业底蕴的实践工作者、环保先锋等作为代表共同参与和监督法律、政策与各种经济措施的制定，并设计一些精神上与物质上的奖励措施以表彰他们为房地产环保事业的贡献。同时房地产企业应鼓励以发博文和网络病毒营销等新型沟通渠道宣传本公司的各种绿色行动，邀请一些典型环保、实践人士参与、合作、研制与改进新型绿色住宅。

对于潜伏绿色消费者，他们感到环境很重要（高环境价值），但并不认为他们可以作出改变（低环境自我效能），强调环境可能更易受到营销政策或策略的影响而改变。尽管与潜在绿色消费者没有明显的不同，但在接受环保产品的意愿上要比潜在绿色消费者高。如果这部分消费者能够被说服，使

①　Jacquelyn A. Ottman, V. Terry. Strategic Marketing of Greener Products [J]. Journal of Sustainable Product Design, 1998 (5): 53–57.

他们确信可以作出改变，他们的价值观使他们很有可能以更生态环保的模式来采取行动。伯格和柯宾（Berger & Corbin, 1992）认为，在房地产绿色营销实践中，政府可通过加强对绿色发展与可持续发展等理念进行宣传，通过典型事例教育广大消费者树立行动能够改变环境的信心与决心。将节能减排与经济奖励挂钩，如对购买绿色住宅的消费者减免契税或房产税等，吸引更多的消费者向绿色转变。房地产企业可运用微博等草根方式宣传公司的绿色营销行动，在绿色建筑与传统建筑和谐共存的基础上，不断提高绿色建筑的比重与份额。

对于潜在绿色消费者，他们感到环境没有那么重要（低环境价值观），但认为他们可以作出改变（高环境自我效能）。如果此类消费者能够被说服，让他们意识到环境状况的重要性，他们的价值观也会随着时间的变化而变化。因此，政府可以通过宣传和鼓励他们采取环保的行为，让这部分消费者看到其他人也在采用绿色产品、保护环境。企业要努力创造一个能公开认可消费者绿色努力的流程，并能随时观察到他人使用绿色产品状况①。在房地产绿色营销实践中，政府应大力宣传环境对人类生存发展的重要性，提升消费者的环境价值观，并鼓励他们的绿色消费行为。采用典型案例与媒体渠道及时报道世界与我国各地绿色建筑的发展进程和绿色房地产消费者的消费情况，让他们对房地产绿色营销实践的发展状况有及时准确的把握。房地产企业可建立本公司的绿色建筑营销网站，将企业绿色建筑相关信息，如采用的新技术、环保材料、新型施工工艺等明细进行公示，做到运营透明化，可设立绿色消费者论坛交流专区，供绿色房地产消费者们在平台上互相交流使用绿色住宅的心得体会与出现的各种问题，并及时反馈和解决绿色房地产消费者提出的问题。

对于非绿色消费者而言，仅仅运用营销手段交流来影响他们对绿色产品的接受是远远不够的。这部分消费者认为环境不重要（低环境价值），认为自己的行动不会对环境有所改变（低环境自我效能）。因此，公共政策而不是公司的广告，或许是使这部分消费者接受绿色产品的唯一途径。在房地产绿色营销的实践中，由于这部分消费者文化素质偏低，绿色行动能力相对较差，因此，政府在向其宣传绿色房地产相关问题时要尽量使宣传语简明易懂，

---

① Prem Shamdasani, Gloria Ong Chon-Lin, Daleen Richmond. Exploring Green Consumers in an Oriental Culture: Role of Personal and Marketing Mix Factors [J]. Advances in Consumer Research, 2006 (2): 33 – 40.

避免使用专业术语和复杂语句，政府可制定相关政策对拒不实施绿色消费的消费者进行适当惩处。房地产公司可运用传统媒体方式，如广播、电视、传单等方式对消费者进行绿色教育与宣传。

7.3　宏观调控下我国消费者理性引导

宏观调控招招紧逼、消费者持币观望、房地产企业步步惊心，是宏观调控政策下我国房地产市场的生动写照。在一波波调控政策的压力下，房地产企业成交量不断下降，资金链岌岌可危，房地产企业的发展陷入"严冬"，房地产商纷纷降价销售，割肉求生。消费者置身"地产乱世"，难免"乱花渐欲迷人眼"，失去理性判断能力，不知何去何从。如何保护自身权益，做出理性选择是消费者所面临的重要课题。

7.3.1　宏观调控下的消费者

政府对房地产业的宏观调控对消费者产生了积极的影响，房地产宏观调控已初见成效，房地产市场萧条，价量齐跌，促使各房地产商放弃了囤地、捂盘的欺诈炒作手法。为了充实资金链、使企业健康生存，纷纷弃利保命，割肉求生。他们你方唱罢我登场，打出降价、促销、打折等多种促销手段，竞争抢占有限的利润市场。商品房价格的降低，使广大购房民众得到了实惠，看到了希望。

但同时也出现了一些消极影响引发我们思考。

（1）"抄底"还是"观望"。

随着宏观调控的深度实施，各房地产企业降价竞争。据国家统计局 2011 年 11 月 18 日发布的 70 个大中城市住宅销售价格统计数据显示，10 月 70 个大中城市房价平均环比指数年内首次出现负增长，平均环比下降 0.14%。10 月全国房价下降已从一线城市向二、三线城市蔓延，平均环比指数年内首次出现负增长。专家声称房地产市场的"拐点"已然来到。

抄底还是观望？这是当前摆在购房者面前最纠结的选择。目前，大部分的购房者都在持币观望，他们有价格下跌的预期，希望等房地产市场"触底"时再出手，有人甚至期望房地产价格"没有最低，只有更低"。同时，他们又无法对何时价格"触底"作出正确判断。出手购买，有房价持续走低之忧；驻足观望，又恐错过"底价"，房价重新上扬。

正如业内人士指出那样，尽管许多专家表示中国楼市即将出现或者已经出现"拐点"，但是如同难找股市的"底部"一样，不同楼盘的底价"水深"几许，普通人还是无法通过简单的比较得出最准确的结论。在牵涉自身利益的时刻，消费者进退维谷，无限纠结。

（2）"维权"还是"违法"。

随着各大房地产商竞相降价求生，商品房价格一路下滑，在大部分群众欢欣鼓舞的同时，少部分在房价高点时购入住房的业主却义愤难平。短短数月，他们的资产严重缩水，损失数十万。他们集体抗议楼盘降价，甚至怒砸售楼处，为自己"维权"，被称为"楼闹闹"事件。

这些事件的背后体现了当今楼市的痼疾。一是房地产市场的欺诈与不公。房地产商们使用"囤地""捂盘""炒作"等方式，利用"饥饿营销"等手段，营造一种"买涨不买跌"的假象，造成买卖双方信息高度不对称，使购房者在房价畸高时盲目购入，而在政府高压调控下，地产泡沫被挤碎，房价下跌，购房者才如梦初醒，悔之晚矣。二是市场经济下消费者的非理性状态。"楼闹闹"事件中，消费者其实是在市场经济下本着买卖双方平等自愿的原则进行的交易，不仅有权利享受价格升值带来的利润，也有义务和责任承担价格下跌带来的损失。因此而暴力出手，不是"维权"，而是"违法"。

（3）买得起，贷不起。

首套房贷利率的上调，极大打击了广大刚需群体正常合理的购房行为。随着国家宏观调控政策的实施，房地产价格已出现"拐点"，给刚需群体购房带来了巨大的实惠与希望，然而首套房贷款利率的上调，产生了刚需群体不是"买不起"而是"贷不起"的现象。刚需人群作为社会中下收入水平的群体，是广大老百姓利益的忠实代表，大部分是刚刚在城市立住脚的年轻人或外来务工者，他们既不够格享受公租房的优惠，又无力承担商品房的高昂价格，是高房价最大的受害群体，是我国房地产调控政策的主要惠及对象。然而眼下银行提高首套房贷款利率、抑制刚需群体合理购房需求的行为，不仅对于手握多套商品房、抬高房价的炒房者没有丝毫打击作用，反而加重了深受高房价之苦的刚需族的负担，这显然与国家宏观调控的初衷背道而驰。

专家分析认为，"目前房价有下跌趋势，房贷风险高，银行根据风险调利率，上浮房贷利率在情理之中"。虽说银行有权防范金融风险、增加利润，差别化房贷政策也有利于遏制投机炒房，但可以通过适当提高第二、第三套房贷款利率来实现，而不用去伤害广大刚需百姓的利益。因此，政府应积极出台政策，限制银行提高首套房贷款利率，减轻刚需压力，维护社会和谐。

7.3.2　宏观调控下消费者理性选择策略分析

对消费者而言，要充分相信和依赖政府宏观调控的力度和效果，在"地产乱世"下，需调整心态，坚持原则，当机立断，独具慧眼，谨慎购买。

（1）消除赌博心态，理性观察。

"抄底"一词来源于股市，股市是以投资和投机行为为主，而房地产市场是为满足民众需要的商品流通市场，主要以等价交换的买卖行为为主，二者在性质上截然不同。因此，用炒股的赌博心态看待楼市是根本性错误，所谓"抄底"更是无从谈起。国家对房地产市场进行宏观调控的目标是让房价回归稳定合理的利润空间，打击投机分子，防止楼市大起大落，促进房地产市场理性发展。并不是要将房地产业"置于死地"，也不会将其"赶尽杀绝"。所谓宏观调控不过是房地产业的一次重新洗牌，优胜劣汰后健康发展。因此，对消费者而言，盲目地期待"底价"是不科学的。须知，土地和原材料的价格日趋昂贵，房地产开发的成本不断上涨，成本决定价格，所以消费者心中应理性观察，以家庭购买力为先决条件，确立合理的心理价位，一旦房产价格降至这一价位，就应"该出手时就出手"，不能盲目观望，错过购房的最好时机，应根据自身情况选择合理的购房时机，理性对待。

（2）坚持市场经济的契约精神。

目前有很多购房者由于房价的下跌要求房地产企业退款、补偿或退房，甚至运用暴力，打、砸、抢售楼处，被称为"房闹闹"事件。这些购房者由于购房时机选择失误造成严重损失，这种遭遇"其情可悯"，但如若因此就暴力闹事，打砸泄愤，则"于法难容"。众所周知，房子的本质是商品，商品的价格上下波动是正常的市场现象，市场经济的本质就是平等自愿、风险自负的契约精神。市场经济也是法治经济，合同即为当事人之间的法律关系，即已签订了合同，就该严格执行，这也是市场经济的基本要求。过去中国房价"只涨不跌"的现象是投机与炒作等多方面的原因造成的恶果，是有悖于市场运行规律的。宏观调控正是要消除这一痼疾，使房地产市场走上健康发展的道路。

因此，对于房价的波动，消费者应理性看待，合理应对，坚持契约精神，勇于承担责任和风险。可以采取买房时与房地产企业在签订合同时，再签一份在规定时限范围内降价的补偿条款作为补遗条款，对在规定时限内，房价超出一定的波动范围给予一定的心理补偿，可效仿普通商品的"保质期""保修期"，也可提出类似的"保价期"，提出"若一年内降价，返还差价"等类似的保价承诺，更好地满足消费者的心理需求，缓和矛盾。

（3）仔细辨别，谨慎购买。

面对多家房地产企业眼花缭乱的促销方式，消费者要擦亮双眼，谨慎选购。如有些企业推出物美价廉的团购房，通过"卖图纸"的方式销售期房，虽然这属于违规行为，但在低价的诱惑下，购房者却趋之若鹜，这也带来了巨大的风险，一旦开发商资金链断裂甚至"跑路"，购房者的预付房款就很难追讨。因此最好请所在单位选择有实力的房地产商统一签订团购协议，同时建议在团购协议中通过将付款进度与项目进展绑定的方式来进一步降低风险。对商家推出的"特价房"，要仔细甄别，是否是存在质量问题和安全隐患的尾房，对"学区房"等商家打出的宣传要仔细辨别，不能偏听偏信。在房价趋低的形势下，要仔细辨别，谨慎购买。

总之，随着政府宏观调控力度不断加大，楼市价格持续下跌，机遇与挑战并存、风险与收益同在，消费者要充分信赖政府、消除赌博心态、坚持契约精神，理性看待，科学选择，在纷乱复杂的市场下充分实现自身利益的最大化。

7.4　本章小结

本章从消费者的视角分析房地产绿色营销的策略。先对国内外绿色消费者的分类与识别进行了梳理，在此基础上基于消费者的环境价值观和环境自我效能提出了消费者环境倾向框架，将消费者划分为四个类别，并针对不同类别的消费者提出了相对应的营销策略。最后针对我国房地产宏观调控下的"地产乱象"，提出了消费者理性选择策略建议，帮助消费者趋利避害，实现自身利益最大化。

第8章 结论与展望

8.1 结 论

本书主要研究在建设两型社会与发展低碳经济的背景下，在我国房地产宏观调控的实践中，应如何实施房地产绿色营销活动，即对房地产绿色营销策略的研究。试图回答什么是房地产绿色营销，为什么要进行房地产绿色营销，什么影响房地产绿色营销的实施以及如何实现房地产绿色营销等相关问题，并就现阶段宏观调控下政府、房地产企业与消费者所面临的困境与解决之道进行了探索。本书对房地产绿色营销策略的研究主要有以下五个方面。

（1）对国内外绿色营销理论及房地产绿色营销理论进行了积极的探索。通过对国内外绿色营销理论与房地产绿色营销理论的梳理与述评，肯定了我国绿色营销与房地产绿色营销理论与实践的发展成果，并指出了存在的缺陷与不足。探索了房地产绿色营销的理论渊源，如中国传统文化中"天人合一""刚健进取""和合""崇德重义"等理念是我国房地产绿色营销的理论支持和伦理保证；可持续发展理论为房地产绿色营销的发展提供了终极目的和发展导向；经济学是房地产绿色营销的理论基础，有助于我们全面地把握绿色营销理论与房地产绿色营销理论的发展动态及应用，更好地指导中国房地产企业实施绿色营销的实践。

（2）分析了目前我国房地产绿色营销实践中存在的宏观与微观障碍。在宏观上，我国的客观环境如生态环境、人口压力、经济增长方式，政府的鼓励与执行缺陷如立法与监督缺失、激励措施缺乏，以及当前房地产宏观调控政策都是当前房地产绿色营销发展的障碍因素。在微观上，房地产企业自身绿色营销理念、绿色建筑开发能力、绿色营销物质基础、营销创新能力等的缺乏及在实践中的"漂绿"现象及绿色营销近视症现象，消费者的绿色意识、绿色需求、绿色消费能力不足等因素也在实践中阻碍了房地产绿色营销的发展。通过对这些障碍因素的深入分析，有助于我们认清现状，对房地产绿色营销的现实困境作出整体判断，有利于绿色营销策略的提出。

（3）探索了我国房地产绿色营销的影响因素。通过对前人研究成果的总结和自身研究相结合构建了房地产绿色营销影响因素车体模型，并运用SPSS17.0采用因子分析的方法提取出影响房地产绿色营销的主因子和它们的影响力及重要程度，运用理论分析和实证分析相结合的方法对房地产绿色营销的影响因素得出较为科学的结论，即政府、房地产企业与消费者是影响我国房地产绿色营销最重要的影响因素，为房地产绿色营销策略的研究奠定了基础。

（4）完善了我国房地产绿色营销策略体系。分别从政府、企业、消费者三方视角对我国房地产绿色营销策略进行了全方位、立体化的研究，并提出了相应的策略与建议。从政府角度，应发展完善绿色建筑与认证体系，法律强制与经济激励双轨并重，加强与完善宏观调控是政府对促进房地产绿色营销的策略与建议。从企业角度，首先基于产品层次理论对房地产企业绿色产品进行划分，并以此提出相对应的绿色营销策略，同时建立了企业绿色营销能力评价指标，运用多层次灰色方法对房地产企业绿色营销能力进行了评价研究，有助于较为科学地评判房地产企业绿色营销效果，促使企业正确认识自身状况，更好地促进房地产企业绿色营销发展。从消费者角度，根据国内外绿色消费者研究现状，建立了基于环境价值观与环境自我效能的环境倾向框架，将消费者进行划分并分别给予不同的营销对策。

（5）提出了宏观调控下我国房地产三方主体的应对策略。目前在我国房地产宏观调控政策"组合拳"重拳出击的背景下，分别从政府、企业和消费者的视角，分析其各自面临的困境与难题，并提出合理化建议与应对策略，有助于宏观调控政策的深入贯彻实施、房地产企业健康平稳发展和消费者权益的最大化。

8.2　研究局限

本书虽然取得了一定的成果，但还存在许多不足之处。

（1）本书在实证研究方法上，在对房地产绿色营销影响因素作因子分析时，只选择了吉林省的两个地区进行调查实证，样本的代表程度受到影响，得出的研究结论需要进行更加广泛的验证，因此，今后要注意加强扩充样本的容量，争取得到更科学、更客观的结论。

（2）本书从顾客满意的角度出发，基于绿色产品层次理论提出了相应的我国房地产企业绿色营销策略。在今后的实践中，还可尝试从其他不同的角度，运用不同的理论对企业绿色营销策略进行整体性研究，能丰富企业的绿色营销策略。

（3）本书在对消费者的识别与分类的研究基础上，提出了环境倾向分析框架，将消费者分类并给予相应策略。今后可进一步扩展此框架，建立更加全面的指标体系，运用实证分析的方法会得到更加科学与准确的结论。

（4）本书对我国房地产宏观调控下的政府、企业和消费者分别提出了发展对策与建议，但这些对策与建议都不够细致与深入，今后的研究要向纵、深发展，切实提出调控下我国现实状况的具体对策，如对保障房的建设问题、资金来源与融资问题等，为宏观调控下我国房地产市场的健康发展提供有效解决方法。

8.3　展　　望

21 世纪是绿色发展的时代，生态环保、绿色发展还是全世界经济发展的主旋律，保护生态、发展低碳经济、建设两型社会不仅是当代社会发展建设的需要，也是历史发展、文明进步的必然要求。房地产业作为"三高"产业，仍然面临着严峻的节能减排、环保低碳的重任。绿色建材、绿色技术的发展，绿色管理、绿色营销的运用，绿色建筑、生态城市的构建，绿色消费的兴起等都将成为新时代的主流。

其一，绿色建筑必将获得更加广泛的关注，研究的范围也将不断扩展。大力研究推进绿色能源在建筑上的应用。如将太阳能建筑一体化由多层向高层延伸，由城市向农村延伸；推动太阳能光热应用向太阳能光电建筑一体化纵深发展，努力建造节能环保、低碳宜居的新城市，建设生态城区。

其二，绿色消费问题也将得到更加深入的研究，目前虽然我国绿色消费问题研究较少，但随着全球绿色经济的发展和人们文化素质和生活水平的提高，绿色消费这一较高层次的理性消费必将得到大力的发展，构建绿色消费模式，树立可持续消费观，有利于合理利用资源，提高资源利用率，化解中国人口、资源、环境的巨大压力，实现人与自然和谐相处。

　　其三，绿色营销将逐渐向低碳营销过渡，低碳营销将会被日益深化成为主流营销模式。低碳理念是低碳营销的指导思想。低碳营销以满足低碳需求为出发点，只有将低碳理念引入营销体系，比如引入设计规范中，自然会为消费者提供能够有效降低环境污染的、防止资源浪费、有效提高效率的产品，力求实现人类行为与自然环境的融合发展[1]。在低碳经济时代，企业主动实施低碳营销是企业在营销实践中主动承担社会责任的积极反映，也是企业可以保持长久竞争优势的一个重要筹码。

---

① 郭芬，陈凯. 国内绿色营销研究及现状分析［J］. 现代商贸工业，2012（2）：104－106.

参 考 文 献

[1] 邓德胜, 詹格亮, 杨丽华. 中外绿色营销的差距和成因分析 [J]. 财经理论与实践, 2004 (9): 108 – 111.

[2] 周宏春, 刘燕华. 循环经济学 [M]. 北京: 中国发展出版社, 2005: 65 – 75.

[3] 仲秋. 近代中美环境意识比较研究 [C]. 第二届中国环境社会学研讨会, 2009: 86 – 93.

[4] 帕屈克·卡森, 朱莉亚·莫顿. 绿就是金 [M]. 广州: 广东人民出版社, 1998: 124 – 128.

[5] 张静中. 循环经济视角下的企业营销创新 [J]. 生态经济, 2006 (1): 73 – 76.

[6] 刘凤军. 市场对接条件下企业绿色营销战略初探 [J]. 哈尔滨商业大学学报, 2001 (3): 1 – 5.

[7] 沈根荣. 绿色营销管理 [M]. 上海: 复旦大学出版社, 1998: 7 – 10.

[8] 刘承伟. 绿色管理: 21 世纪企业管理研究的新领域 [J]. 齐鲁学刊, 2001 (4): 130 – 134.

[9] 陶良虎. 中国低碳经济 [M]. 北京: 研究出版社, 2010: 45 – 46.

[10] 侯向军. 技术进步与中国低碳经济发展研究 [D]. 太原: 山西大学, 2011: 35 – 37.

[11] 蔡林海. 低碳经济大格局 [M]. 北京: 经济科学出版社, 2009: 152 – 159.

[12] 詹正茂, 王裕雄, 孙颖. 创新型国家建设报告 (2009) [M]. 北京: 社会科学文献出版社, 2009: 9 – 13.

[13] 中国人民大学气候变化与低碳经济研究所 [J]. 低碳经济. 2011: 59 – 61.

［14］沈满红. 资源与环境经济学［M］. 北京：中国环境科学出版社，2007：11 – 12.

［15］周栋良. "两型社会"研究述评［J］. 北京城市学院学报，2009（4）：77 – 81.

［16］丁鼎棣，王昕. "两型"社会与绿色营销模式的契合［J］. 山东社会科学，2009（12）：158 – 160.

［17］Ken Peattie, Sue Peattie, E. B. Emafo. Promotion Competitions as a Strategic Marketing Weapon［J］. Journal of Marketing Management，1997（13）：777 – 789.

［18］Fuller, D. A. Sustainable Marketing：Managerial-Ecological Issues［M］. Sage, Thousand Oaks, California, 2000：76 – 83.

［19］万后芬. 绿色营销［M］. 北京：高等教育出版社，2001：27 – 30.

［20］罗国民，彭雷清，王先庆. 绿色营销——环境与市场可持续发展战略研究［M］. 北京：经济科学出版社，1997：16 – 18.

［21］温力虎. 绿色营销导论［M］. 广州：中山大学出版社，2000：3 – 5.

［22］张燕明. 房地产企业绿色营销策略研究［D］. 青岛：中国海洋大学，2008：23 – 28.

［23］裴卫萍. 绿色营销在我国房地产企业中应用的策略分析［J］. 企业导报，2009（4）：94 – 96.

［24］毕素梅，于凤军. 房地产绿色营销策略探析［J］. 中国集体经济，2009（33）：75 – 76.

［25］刘望，胡蓉. 关于构建两型社会绿色营销体系的探讨［J］. 湘潭大学学报，2008（11）：86 – 89.

［26］李怀祖. 管理研究方法［M］. 西安：西安交通大学出版社，2004：315 – 318.

［27］朱顺泉. 管理科学研究方法［M］. 北京：清华大学出版社，2007：96 – 103.

［28］William E. Kilbourne. Green Marketing：A Theoretical Perspective［J］. Journal of Marketing Management，1998（14）：641 – 655.

［29］谭昆智. 现代企业营销创新［M］. 广州：中山大学出版社，2007：38 – 40.

［30］万后芬, 马瑞婧. 绿色营销［M］. 武汉: 湖北人民出版社, 2000: 55 - 58.

［31］徐大伟. 企业绿色合作的机制分析与案例研究［M］. 北京: 北京大学出版社, 2008: 5 - 8.

［32］王洪刚, 韩文秀. 绿色供应链管理及实施策略［J］. 天津大学学报, 2002 (6): 97 - 100.

［33］张沈生. 房地产市场营销［M］. 大连: 大连理工大学出版社, 2009: 17 - 21.

［34］Ken Peattie. Towards Sustainability: The Third Age of Green Marketing［J］. The Marketing Review, 2001 (2): 129 - 146.

［35］Fisk, G. Criteria for a Theory of Responsible Consumption［J］. Journal of Marketing, 1973 (37): 24 - 31.

［36］WCED. Our Common Future［M］. Oxford University Press, 1987: 1 - 6.

［37］Jacquelyn Ottman. Green Marketing: Challenges and Opportunities for the New Marketing Age［M］. New York: NTC Business Books, NTC Publishing Group, 1993: 68 - 74.

［38］Marc Lampe, Gregory M. Gazda. Green Marketing in Europe and the United States: An Evolving Business and Society Interface［J］. International Business Review, 1995 (3): 35 - 39.

［39］Preeti. Green Marketing Opportunity for Innovation and Sustainable Development［J］. Green Marketing, 2010 (4): 21 - 38.

［40］Michael Jay Polonsky, Philip J. RosenbergerIII. Reevaluating Green Marketing: A Strategic Approach［J］. Business Horizons, 2001 (9): 23 - 28.

［41］Andrew Crane. Facing the Backlash: Green Marketing and Strategic Reorientation in the 1990s［J］. Journal of Strategic Marketing, 2000 (8): 277 - 296.

［42］Lyn S. Amine. An Integrated Micro-and Macrolevel Discussion of Global Green Issues: It Isn't Easy Being Green［J］. Journal of International Management, 2003 (9): 47 - 58.

［43］Andrea Prothero. Green Marketing: The 'Fad' That Won't Slip Slide Away［J］. Journal of Marketing Management, 1998 (14): 507 - 512.

[44] Ken Peattie. Green Marketing: Legend, Myth, Farce or Prophesy? [J]. Qualitative Market Research: An International Journal, 2005 (8): 12 - 28.

[45] Moloy Ghosh. Green Marketing: A Changing Concept in Changing Time [J]. BVIMR Management Edge, 2010 (1): 82 - 92.

[46] 梁东, 郑春燕. "两型社会" 建设中的营销创新 [J]. 江汉大学学报, 2009 (7): 96 - 99.

[47] 张轶, 李士华. 企业绿色营销创新研究 [J]. 山东社会科学, 2009 (2): 105 - 107.

[48] 甘碧群. 关于绿色营销问题的探究 [J]. 外国经济与管理, 1997 (3): 19 - 22.

[49] 何志毅, 于泳. 绿色营销发展现状及国内绿色营销的发展途径 [J]. 北京大学学报 (哲学社会科学版), 2004 (11): 85 - 93.

[50] 高炳华. 房地产市场营销 [M]. 武汉: 华中科技大学出版社, 2004: 78 - 83.

[51] 郭玉良. 绿色住宅与绿色营销 [J]. 中国房地产, 2001 (7): 46 - 48.

[52] 邵继红, 辛明亮. 我国房地产业绿色消费行为及营销对策研究 [J]. 全国商情, 2010 (17): 10 - 13.

[53] 司林胜. 我国企业绿色营销理念及实践的特征分析 [J]. 商业经济与管理, 2002 (6): 5 - 10.

[54] 林毓鹏. 加快发展我国绿色产业 [J]. 生态经济, 2002 (2): 44 - 46.

[55] 戚振强, 刘长滨, 樊瑜. 房地产绿色营销探讨 [J]. 房地经济, 2007 (5): 78 - 81.

[56] 徐强, 陈汉云, 刘少瑜. 沪港绿色建筑研究与设计 [M]. 北京: 中国建筑工业出版社, 2005: 58 - 65.

[57] 张瑞利. 建筑设计中的生态与能效策略研究 [D]. 上海: 同济大学, 2007: 36 - 39.

[58] 江亿, 秦佑国, 朱颖心. 绿色奥运建筑评估体系研究 [J]. 中国住宅设施, 2004 (5): 9 - 14.

[59] 尹伯悦, 赖明, 谢飞鸿. 绿色建筑与智能建筑在世界和我国的发展与应用状况 [J]. 建筑技术, 2006 (10): 733 - 735.

[60] Heidi Falkenbach, Helmut Schleich. Environmental Sustainability: Drivers for the Real Estate Investor [J]. Journal of Real Estate Literature, 2010

（2）：203 – 223.

［61］高泉平. 循环经济下房地产业绿色营销现状与对策研究［J］. 武汉理工大学学报，2009（16）：183 – 186.

［62］宋志国，宋丽娟. 基于消费者行为理论的房地产绿色营销分析［J］. 中国管理信息化，2008（9）：83 – 86.

［63］宋巧，梁凤英. 房地产企业绿色营销中存在的问题及策略研究［J］. 经济与管理，2005（7）：110 – 112.

［64］赵霓君. 房地产业实施绿色营销的策略研究［J］. 建筑经济，2004（3）：81 – 82.

［65］王祥云. 中西方传统文化比较［M］. 郑州：河南人民出版社，2006：14 – 18.

［66］赵麦茹. 前秦诸子经济思想的生态学阐释［M］. 北京：社会科学文献出版社，2010：3 – 6.

［67］阮仪三. 中国传统建筑的绿色智慧：天人合一的艺术［J］. 广西城镇建设，2011（3）：54 – 57.

［68］王爱民. 房地产市场营销［M］. 上海：复旦大学出版社，2006：18 – 24.

［69］徐学敏. 绿色营销与可持续发展问题探讨［J］. 武汉大学学报，1998（6）：52 – 59.

［70］董小林. 环境经济学［M］. 北京：人民交通出版社，2005：34 – 39.

［71］陈启杰. 可持续发展与绿色营销研究［D］. 厦门：厦门大学，2001：8 – 14.

［72］张格. 中国房地产绿色营销研究［D］. 武汉：华中科技大学，2004：67 – 72.

［73］蔡中华. 绿色技术创新与环境库兹涅茨曲线［J］. 北京化工大学学报，2007（5）：553 – 556.

［74］Andrew H. Chen, Jennifer Warren. Sustainable Growth for China［J］. The Chinese Economy, 2011（5）：86 – 103.

［75］谢永亮，姚瑞莲. 生态危机新地绿资源［M］. 成都：四川人民出版社，2001：18 – 25.

［76］初智勇. 关于中俄矿产资源合作的思考［J］. 西伯利亚研究，2004（1）：11 – 16.

［77］秦大河，张坤民，牛文元. 中国人口资源环境与可持续发展［M］. 北京：新华出版社，2002：27－33.

［78］左玉辉，张涨，柏益尧. 土地资源调控［M］. 北京：科学出版社，2008：8－10.

［79］周冯奇. 资源节约型、环境友好型社会建设［M］. 上海：上海人民出版社，2007：5－7.

［80］马晓河，赵淑芳. 我国产业结构变动趋势及政策建议［J］. 中国城市经济，2008（11）：18－21.

［81］丁辉关，郭晓晶. "十一五"时期我国产业结构调整和升级的策略分析［J］. 改革与战略，2007（6）：34－37.

［82］王梦奎. 中国经济发展的回顾与前瞻［M］. 北京：中国财政经济出版社，1999：124－128.

［83］尤艳馨. 我国国家生态补偿体系研究［D］. 天津：河北工业大学，2007：56－61.

［84］武永春. 我国绿色消费的障碍因素分析［J］. 经济体制改革，2004（4）：160－162.

［85］武永春. 绿色营销促成机制研究［M］. 北京：经济管理出版社，2006：65－70.

［86］杜峰. 企业绿色营销动力机制分析［D］. 北京：北京工业大学，2005：44－47.

［87］Bliddle D. Recycling for Profit: The New Green Bussiness Frontier［J］. Harvard Business Review，1993（11－12）：145－156.

［88］郑友德，李薇薇. "漂绿营销"的法律规制［J］. 法学，2012（1）：115－125.

［89］Jacquelyn A. Ottman, Dan Sturges. Think Again about Think Mobility: Questions for the Long Haul［J］. In Business，2002（4）：8－15.

［90］Rhett H. Walker, Dallas J. Hanson. Green Marketing and Green Places: A Taxonomy for the Destination Marketer［J］. Journal of Marketing Management，1998（14）：623－629.

［91］Barry T. Are Buyers Going Green［J］. Purchasing and Supply Management，1990（5）：27－29.

［92］Art Dleiner. What Does It Mean to Be Green?［J］. Harvard Business

Review, 2001 (6－8): 24－26.

［93］Ottaman. Avoiding Green Marketing Myopia ［J］. Stafford and C. L. Hartman, 2006 (5): 22－36.

［94］Charles Lockwood. Building the Green Way ［J］. Harvard Business Review, 2006 (6): 23－31.

［95］柳彦君. 浅析我国绿色消费存在的问题及发展绿色消费的对策 ［J］. 商业研究, 2005 (2): 161－163.

［96］余洪. 我国建筑业发展的多元驱动机制构建研究 ［J］. 建筑经济, 2009 (9): 9－11.

［97］李文英, 王国红, 武春友. 我国发展绿色消费的障碍及对策研究 ［J］. 辽宁师范大学学报, 2004 (1): 31－34.

［98］曼昆. 经济学基础 (第五版) ［M］. 北京: 北京大学出版社, 2010: 232－240.

［99］段伟杰. 外部性理论探讨 ［J］. 经济师, 2011 (12): 23－24.

［100］杨凤敏. 发展扩散与区域经济协调发展 ［D］. 长春: 东北师范大学, 2008: 14－16.

［101］魏明侠, 曾勇, 司林胜. 绿色营销的外部性分析 ［J］. 经济师, 2002 (2): 49－50.

［102］文启湘, 胡芳肖. 绿色营销的正外部性市场失灵及治理 ［J］. 中国流通经济, 2003 (7): 39－42.

［103］魏明侠. 绿色营销的机理与绩效评价研究 ［D］. 武汉: 武汉理工大学, 2002: 12－14.

［104］韦明, 于晶莉. 绿色营销博弈困境与出路 ［J］. 华东经济管理, 2006 (1): 138－141.

［105］李君. 绿色营销的博弈困境与对策分析 ［J］. 江苏商论, 2009 (5): 93－94.

［106］刘兆发. 信息不对称与市场规制 ［J］. 当代经济研究, 2002 (8): 21－24.

［107］徐建中, 王莉静. 基于博弈论的房地产企业实施绿色管理动力分析 ［J］. 华东经济管理, 2009 (3): 55－59.

［108］陈会民. 我国实施绿色营销的可行性研究 ［J］. 北京商学院学报, 1997 (6): 32－35.

［109］陶峰. 低碳建筑探讨［J］. 城市建设，2010（4）：4 - 4.

［110］Sumesh R. Nair, Nelson. Stakeholder Influences on Environmental Marketing［J］. Journal of Management Research，2011（2）：7 - 12.

［111］Zhang Yang, Chen Liwen. Analysis on Green & Sustainable Innovation Motivation of Real Estate Enterprises in Low-Carbon Economy［C］. The International Conference on Management Science and Intelligent Control，2011：579 - 582.

［112］Zhang Yang, Chen Liwen. Analysis on Green Marketing Innovation Motivation under the Two-Oriented Society［C］. The International Conference on Management and Service Science，2011：334 - 337.

［113］耿金花，高齐圣，张嗣瀛. 基于层次分析法和因子分析的社区满意度评价体系［J］. 系统管理学报，2007（12）：673 - 677.

［114］张奇. SPSS for Windows 在心理学与教育学中的应用［M］. 北京：北京大学出版社，2011：3 - 7.

［115］周建华，袁红平. 基于因子和聚类分析法的建筑业经济效益评价［J］. 建筑经济，2007（12）：9 - 14.

［116］徐国虎，许芳. 新能源汽车购买决策的影响因素研究［J］. 中国人口、资源与环境，2010（11）：91 - 95.

［117］向刚，汪应洛. 企业持续创新能力：要素构成与评价模型［J］. 中国管理科学，2004（12）：137 - 140.

［118］王向阳. 绿色消费的心理分析及对绿色营销沟通的启示［J］. 北京工商大学学报，1997（5）：61 - 64.

［119］许彩国. 关于绿色营销若干问题的思考［J］. 湖南商学院学报，2002（6）：13 - 15.

［120］Susanne Ethridge, Ujjval Vyas. Green Building：Banlancing Fact and Fiction［J］. Real Estate Issues，2008（2）：5 - 20.

［121］Kansal, Kadambari. Green Buildings：An Assessment of Life Cycle Cost［J］. The IUP Journal of Infrastructure，2010（4）：32 - 48.

［122］J. J. Asongu. Green Homes：Sustainable Housing and Competitive Advantage in a Troubled Industry［J］. Journal of Business and Public Policy，2007（1）：33 - 48.

［123］Ritu Sinha. Green Building：A Step Towards Sustainable Architecture

［J］．The IUP Journal of Infrastructure，2009（6）：24 – 35．

［124］Feldman and Stachler．Green Marketing：Do Corporate Strategies Reflect Experts'Advice?［J］．The Journal of Marketing Management，1996（8）：35 – 47．

［125］Gregory Unruh，Rechard Ettenson．Growing Green［J］．Harvard Business Review，2010（6）：36 – 49．

［126］Peng Wu，Sui Pheng Low．Project Management and Green Buildings：Lessons from the Rating Systems［J］．Journal of Professional Issues in Engineering Education and Practice，2010（4）：27 – 35．

［127］John Grant．The Green Marketing Manifesto［M］．Wiley，2008：14 – 29．

［128］Denise Kalette．2010 Green Building Survey［J］．A Special Supplement to National Real Estate Investor and Retail Traffic，2010（11）：25 – 34．

［129］仇保兴．中国绿色建筑发展的四大策略——仇保兴在墨西哥绿色建筑协会组织专场演讲会的演讲［J］．建筑节能，2006（5）：3 – 4．

［130］洪小瑛．关于绿色竞争力的几点理论思考［J］．广西社会科学，2002（3）：92 – 95．

［131］张仕廉，李学征，刘一．绿色建筑经济激励政策分析［J］．生态经济，2006（5）：312 – 315．

［132］仇保兴．中国绿色建筑发展的四大策略［C］．2006 年绝热隔音材料轻质建筑板材新技术新产品研讨会，2006．

［133］陈柳钦．绿色建筑评价体系探讨［J］．建筑经济，2011（6）：48 – 51．

［134］仇保兴．国务院举行新闻发布会通报建筑节能大检查结果［J］．天津建设科技，2007（1）：13 – 13．

［135］付毅刚．浅议我国绿色建筑的发展［J］．常州工学院学报，2008（4）：25 – 27．

［136］廖含文．英国绿色建筑发展研究［J］．城市建筑，2008（4）：8 – 12．

［137］苏明．中国建筑节能经济激励政策研究［M］．北京：中国财政经济出版社，2011：166 – 173．

［138］张峰．中国建筑政策保障体系简述［J］．时代建筑，2008（2）：

38 – 41.

［139］仇保兴. 从绿色建筑到低碳生态城［J］. 城市发展研究, 2009 (7)：1 – 11.

［140］Xinxue Liu. A Research of Strategies of Developing Ecological Residence in China［J］. Asian Social Science, 2008 (7)：35 – 41.

［141］金占勇, 孙金颖, 刘长滨等. 基于外部性分析的绿色建筑经济激励政策设计［J］. 建筑科学, 2010 (6)：57 – 62.

［142］魏明侠, 司林胜. 绿色营销绩效管理［M］. 北京：经济管理出版社, 2005：23 – 26.

［143］张洋, 陈立文. 加强房地产宏观调控的对策［J］. 中国经贸导刊, 2012 (1)：65 – 66.

［144］德尔·霍金斯, 戴维·马瑟斯博. 消费者行为学［M］. 北京：机械工业出版社, 2009：57 – 63.

［145］李东. 房地产市场营销［M］. 复旦大学出版社, 1999：25 – 28.

［146］菲利普·科特勒. 营销管理（第十一版）［M］. 上海：上海人民出版社, 2006：216 – 218.

［147］Audrey Gilmore, David Carson, Lyn Fawcett, Mario Ascencao. Sustainable Marketing——the case of Northern Cyprus［J］. The Marketing Review, 2007 (2)：113 – 124.

［148］Kilbourne, W. Green Marketing：A Theoretical Perspective［J］. Journal of Marketing Management, 1998 (6)：25 – 29.

［149］闵小波. 绿色施工在我国建筑业的应用探讨［J］. 现代商贸工业, 2010 (13)：365 – 366.

［150］肖绪文.《建筑业 10 项新技术》(2010 版) 创新研究综合分析［J］. 施工技术, 2011 (3)：1 – 4.

［151］Karna, J. Hansen, E. Juslin. H, Seppala. J. Green Marketing of Softwood Lumber in Western North America and Nordic Europe［J］. Forest Proucts Journal, 2002 (2)：34 – 40.

［152］叶剑平, 孙晓岚. 房地产营销［M］. 北京：首都经济贸易大学出版社, 2006：33 – 37.

［153］朱成钢. 绿色消费驱动下的绿色营销策略及其启示［J］. 商业经济与管理, 2006 (11)：48 – 51.

［154］Lynette Knowles Mathur, Ike Mathur. An Analysis of the Wealth Effects of Green Marketing Strategies ［J］. Journal of Business Research, 2000 (50): 12–16.

［155］李启明, 聂筑梅. 现代房地产绿色开发与评价 ［M］. 南京: 江苏科学技术出版社, 2003: 45–48.

［156］菲利普·科特勒, 加里·阿姆斯特朗. 市场营销原理 ［M］. 北京: 清华大学出版社, 2007: 104–107.

［157］彭国甫, 李树丞, 盛明科. 应用层次分析法确定政府绩效评估指标权重研究 ［J］. 中国软科学, 2004 (6): 136–139.

［158］刘红, 吴婷婷, 方国华. 多层次灰色评价法在城市防洪工程后评价中的应用 ［J］. 水利经济, 2010 (5): 5–8.

［159］苏越良, 何海燕, 尹金龙. 企业绿色持续创新能力评价体系研究 ［J］. 科技进步与对策, 2009 (10): 139–142.

［160］萨蒂·T.L. 著. 许树柏译. 层次分析法在资源分配、管理和冲突分析中的应用 ［M］. 北京: 煤炭工业出版社, 1998: 68–70.

［161］蔡建春, 王勇. 风险投资中投资风险的灰色多层次评价 ［J］. 管理工程学报, 2003 (17): 94–97.

［162］邓聚龙. 灰色系统基本方法 ［M］. 武汉: 华中理工大学出版社, 1987: 26–31.

［163］邵超群, 宇明德. 多层次灰色评价法在房地产开发风险评价中的应用 ［J］. 管理观察, 2008 (10): 175–176.

［164］刘思峰, 郭天榜, 党耀国. 灰色系统理论及应用 ［M］. 北京: 科学出版社, 1999: 33–35.

［165］张辉, 高德利. 基于模糊数学和灰色理论的多层次综合评价方法及其应用 ［J］. 数学的实践与认识, 2008 (3): 1–6.

［166］邓涛, 余承华. 多层次灰色方法在绿色施工评估中的应用研究 ［J］. 施工技术, 2008 (S1): 442–445.

［167］张洋, 陈立文. 宏观调控下房地产企业 "过冬" 策略分析 ［J］. 经济导刊, 2012 (4): 5–6.

［168］梅雅洁. 浅析我国房地产企业融资机构与解决对策 ［J］. 中国商界, 2011 (4): 25–28.

［169］Michael Jay Polonsky. An Introduction to Green Marketing ［J］.

Electronic Green Journal, 1994 (2): 22 –25.

[170] 何志毅，杨少琼. 对绿色消费者生活方式特征的研究 [J]. 南开管理评论，2004 (3): 4 –10.

[171] Sigmund Wagner-Tsukamot, Mark Jadajewski. Cognitive Anthropology and the Problem-solving Behaviour of Green Consumers [J]. Journal of Consummer Behavior, 2006 (5): 8 –14.

[172] Flikington, J. and Hailes, J. The Green Consumer Guide [M]. Victor, Gollancz, London, 1988: 86 –92.

[173] Sabine Dembkowski, Stuart Hanmer-Lloyd. The Environmental Value-Attitude-System Model: A Framework to Guide the Understanding of Environmentally-concious Consumer Behaviour [J]. Journal of Marketing Management, 1994 (10): 593 –603.

[174] Arminda M. Finisterra do Paco, Mario Lino Barata Raposo, Walter Leal Filho. Identifying the Green Consumer: A Segmentation Study [J]. Journal of Targeting Measurement and Analysis for Marketing, 2009 (17): 17 –25.

[175] S. Smith. Targeting the Green Consumer [M]. Bensenvill, Iilinois, Plumbing & Mechanical, 2000: 206 –221.

[176] Straughan R, Roberts J. Environment Segmentation Alternatives: A Look at Green Consumer Behavior in the New Millennium [J]. Journal of Consumer Marketing, 1999 (4): 3 –8.

[177] Walter Coddington. Environmental Marketing: Positive Strategies for Reaching the Green Consumer [M]. New York: McGraw-Hill, 2004: 105 –120.

[178] Jill Meredith Ginsberg, Paul N. Bloom. Choosing the Right Green Marketing Strategy [J]. MIT SLOAN Management Review, 2004: 18 –32.

[179] K. Chitra. In Search of the Green Consumers: A Perceptual Study [J]. Journal of Service Research, 2007 (1): 47 –59.

[180] 井绍平. 绿色营销及其对消费者心理与行为影响的分析 [J]. 管理世界，2004 (5): 55 –56.

[181] 阎俊. 影响绿色消费者消费行为的因素分析及其营销启示 [J]. 北京工商大学学报，2008 (3): 56 –58.

[182] 司林胜. 对我国消费者绿色消费观念和行为的实证研究 [J]. 消费经济，2002 (5): 39 –42.

［183］Sanjay K. Jain, Gurmeet. Green Marketing: An Indian Perspective ［J］. Divison, 2004（2）: 11 - 19.

［184］Andrew Gilg, Steward Barr, Nicholas Ford. Green Consumption or Sustainable Lifestyles? Identifying the Sustainable Consumer ［J］. Futures, 2005（37）: 481 - 504.

［185］Todd Kaiser. Eco-Marketing: A Blooming Corporate Strategy ［J］. The Retail Digest, 2002（55）: 43 - 48.

［186］Chater, M. and Polonsky, M. J. Greener Marketing: A Global Perspective on Green Marketing Practice ［M］. Sheffield Greenleaf, 1999: 132 - 136.

［187］Davis, J. J. Ethic and Environmental Marketing ［J］. Journal of Ethic, 2005（11）: 81 - 87.

［188］Jason, D. Olive. Increasing the Adoption of Environmental Friendly Products: Who Are the Non-Adopters, and What Will Get Them to Buy Green? ［D］. University of Rhode Island, 2007: 33 - 39.

［189］Jacquelyn A. Ottman, V. Terry. Strategic Marketing of Greener Products ［J］. Journal of Sustainable Product Design, 1998（5）: 53 - 57.

［190］Prem Shamdasani, Gloria Ong Chon-Lin, Daleen Richmond. Exploring Green Consumers in an Oriental Culture: Role of Personal and Marketing Mix Factors ［J］. Advances in Consumer Research, 2006（2）: 33 - 40.

［191］郭芬, 陈凯. 国内绿色营销研究及现状分析 ［J］. 现代商贸工业, 2012（2）: 104 - 106.

后　记

　　本书采用定性与定量相结合的集成研究方法，综合运用管理学、生态学、经济学、统计学、社会学等多学科知识对我国房地产绿色营销问题进行了探讨。主要围绕什么是房地产绿色营销、什么因素影响房地产绿色营销以及如何实现房地产绿色营销等问题展开探索。先对房地产绿色营销进行了界定，并通过对我国房地产绿色营销的宏观与微观障碍即研究的必要性进行分析，以房地产绿色营销的影响因素作为切入点，通过理论与实证分析得出我国房地产绿色营销的主要影响因素，并以此为突破口，分别从政府、房地产企业和消费者三方视角提出相应的解决与发展对策。

　　本书能够顺利出版，首先要感谢吉林财经大学对于本书的资金资助。其次，本书的出版也得到了吉林财经大学科研处等部门领导的大力支持，在此表示由衷的感谢。本书的完成得益于我的博士生导师陈立文教授给予的指导和建议，离不开对房地产绿色营销领域研究的大量纸质与电子资料的参考，并对各位学者致以最诚挚的谢意。还要特别感谢亲朋好友的无私帮助以及经济科学出版社各位编辑为本书出版所付出的辛勤劳动。

张　洋

2020 年 1 月